Praxisreihe Situationsansatz

Wie sieht's denn hier aus?

Praxisreihe Situationsansatz

Wie sieht's denn hier aus?

Kinder verändern Räume

Christine Lipp-Peetz

Illustrationen von Sylvio Droigk

Beltz Verlag · Weinheim und Basel

Vorwort

Christine Lipp-Peetz, Dozentin in den Evang. Ausbildungsstätten für Soziale Berufe in Darmstadt. Geschäftsführerin im Institut für den Situationsansatz der INA gGmbH an der FU Berlin, Projektmitarbeiterin im Netzwerk Qualität in Hessen.

www.beltz.de
Dieser Band erscheint innerhalb der „Praxisreihe Situationsansatz"
(früher erschienen im Ravensburger Buchverlag – ISBN 3-473-98902-9)
Umschlaggestaltung: Federico Luci, Köln
Printed in Germany

ISBN 3-407-62420-4

Diese Praxisreihe mit ihren 12 Bänden ist zugleich der Ergebnisbericht des Projektes „Kindersituationen". In allen neuen Bundesländern und im Ostteil Berlins beteiligten sich zwölf Kindertagesstätten, um nach dem Konzept des Situationsansatzes die pädagogische Arbeit weiterzuentwickeln. Die Leitung des Projektes lag bei Prof. Dr. Jürgen Zimmer, Freie Universität Berlin. Gefördert wurde es vom Bundesministerium für Familie, Senioren, Frauen und Jugend und unterstützt von den zuständigen Länderministerien.
Die Erzieherinnen der Modelleinrichtungen suchten in Zusammenarbeit mit Eltern, anderen pädagogischen Fachkräften und durch eigene Beobachtungen nach sogenannten Schlüsselthemen, bearbeiteten diese auf vielfältige Art und dokumentierten ihre Erfahrungen und Erlebnisse. Eine wichtige Grundlage hierfür war die vorausgehende Analyse der Lebenswirklichkeit der Kinder und ihrer Familien.
Auf der Basis der pädagogischen Dokumentationen entstanden die Praxisbücher. Sie wurden mit theoretischen Informationen und methodischen Anregungen ergänzt, sodass jede Erzieherin damit arbeiten kann, mit ihrer Kindergruppe vom Säuglingsalter bis Hortalter, mit ihrem Kolleginnen-Team, mit Eltern oder im Rahmen einer Fortbildung.
Die Konzeption der Praxisbände wurde in Zusammenarbeit mit dem Ravensburger Verlag entwickelt. Die Kapitel der Bücher entsprechen den vier Planungsschritten des Situationsansatzes: Situationen analysieren, Ziele festlegen, Situationen gestalten, Erfahrungen auswerten. Weil die Praxisberichte von Erzieherinnen geschrieben wurden, wendet sich das Buch mit direkter Anrede an die Erzieherinnen, selbstverständlich sind auch alle Erzieher angesprochen. Die Stifte in den Texten markieren Originalbeiträge aus den Praxisdokumentationen. Alle Namen der Kinder und Eltern wurden geändert.
Ergänzend zu den Büchern gibt es eine Materialbox mit praktischen Arbeitshilfen, ein Handbuch mit Grundinformationen des Situationsansatzes und ein Diskussionsspiel für die Teamarbeit nach dem Konzept des Situationsansatzes.
Um die Reformbewegung des Projektes „Kindersituationen" fortzusetzen und andere Reform-Bemühungen zu unterstützen, wurde das Institut für den Situationsansatz gegründet. Weil in der Praxis sicherlich neue Fragen, andere Meinungen und Kritik entstehen werden, bietet sich das Institut für einen Erfahrungsaustausch an. Hier die Adresse:
INA gGmbH c/o Freie Universität Berlin, Fachbereich Erziehungswissenschaften, Prof. Dr. Jürgen Zimmer, Habelschwerdter Allee 45, 14195 Berlin.

Inhaltsverzeichnis

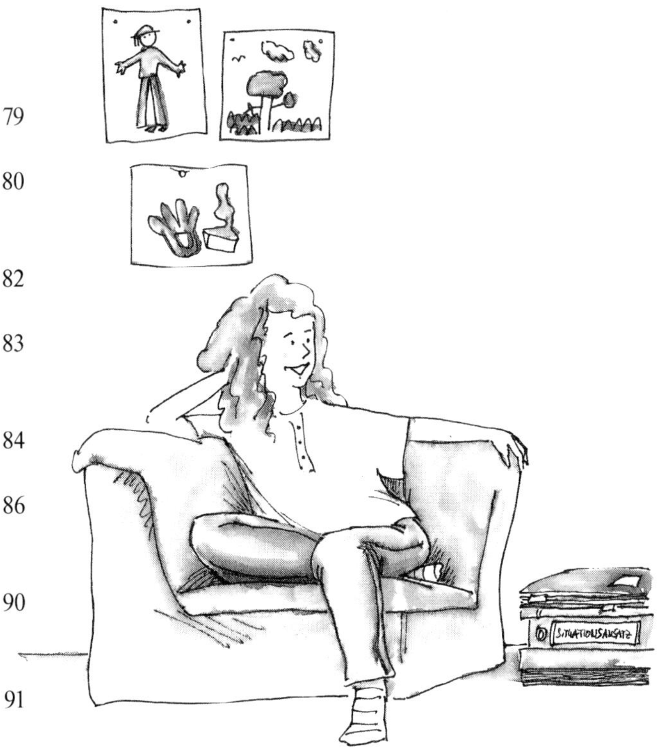
SITUATIONSANSATZ

Moment mal!

Räume aus der Sicht von Kindern

„Wie sieht's denn hier aus!" Ein wenig Verwunderung darf schon mitschwingen in der Stimme, wenn Erwachsene ein Haus für Kinder betreten. Immerhin liegt die Durchschnittsgröße der Bewohner bei einem Meter. Da kann sich die gewohnte Erwachsenenperspektive ruhig irritiert fühlen.

Das dürfen Sie denn auch von diesem Buch erwarten: eine Veränderung eingefahrener Sehgewohnheiten durch die Hervorhebung der Sichtweise und Erlebniswelt der Kinder. Dass ein Raum aus Augenhöhe eines 70 cm großen Knirpses anders wirkt als aus ausgewachsenen 1,70 m Höhe, hätte man sich zwar denken können – aber zwischendurch braucht jede einen Impuls, um Betriebsblindheit zu überwinden.
Wie kann es gelingen, mit den Augen der Kinder zu sehen? Wie kann die Ansicht von Mädchen und Jungen in Erfahrung gebracht werden? Was hilft, die eigene Kita mit neuen Augen und mit allen Sinnen wahrzunehmen? Dazu finden sich im ersten Kapitel „Erkunden" praktische Tipps und im dritten Kapitel „Handeln" Beispiele, wie Kolleginnen vorgegangen sind und was sich dabei herausstellte.

Räume im Situationsansatz

Wenn beim Besuch einer Kita dann noch die Verblüffung hinzukommt, dass jeder Raum anders aussieht und die gesamte Kita unvergleichlich ist mit der, die man vor kurzem gesehen hat, könnte dies ein erstes Indiz dafür sein, dass die Erzieherinnen dort nach dem Situationsansatz arbeiten. Worauf man weiter achten muss, um zu überprüfen, ob der erste Eindruck stimmt, sagen die zehn Regeln für ein Raumkonzept nach dem Situationsansatz. Mit ihnen wird der Versuch unternommen, pädagogisches Grundkonzept und Outfit eines Hauses in einen begründbaren Zusammenhang zu bringen. Denn in jedem pädagogischen Ansatz spielen Räume eine große Rolle: Maria Montessori nennt sie Miterzieher, in der Reggio-Pädagogik gelten sie als die Dritten im Bunde. Für den Situationsansatz ist wichtig, dass sich in ihnen Leben abspielen kann, mit all seinen Facetten.
Welche Erfahrungen sollen Kinder sammeln können? Wie helfen Räume dabei? Das lesen Sie in Kapitel zwei „Entscheiden".

Schwerpunkt dieses Arbeitsbuches:

- *Räume aus der Sicht von Kindern*
- *Raumkonzept im Situationsansatz*
- *Beteiligung von Kindern*

Macht dem Leben Platz

Räume mit Kindern gestalten

Ein Schwerpunkt im Kapitel drei „Handeln“ ist die Beteiligung der Kinder. Räume *mit* Kindern und nicht nur *für* sie gestalten, ist das durchgängige Motto. Und das hat wieder etwas mit dem pädagogischen Konzept zu tun.

Im Kapitel vier „Nachdenken“ wird darüber nachgedacht,
- was passieren kann, wenn Kinder, Eltern und andere mitreden und sich tatsächlich Menschen aus dem näheren und weiteren Umfeld dort blicken lassen,
- wie die Umgestaltung in der Kita auch die Rollen der Erzieherinnen und der Leiterin berührt,
- welche Visionen gar nicht so schwer umsetzbar wären und
- wie Qualität sichtbar und überprüfbar wird.

Zum Schluss gibt es einen kommentierten Wegweiser durch die umfangreiche Literatur zum Thema. Er soll Ihnen helfen, Einzelaspekte zu vertiefen. Und sollten Sie das Außengelände vermissen: das finden Sie im Band „Natürlich von klein auf! Ökologische Lebensgestaltung in der Kita“, in dieser Praxisreihe.

Für all jene, die sich durch die Lektüre dieses Buches animieren lassen, um- und aufzuräumen oder Unterstes nach oben zu kehren, gibt es konkrete Hilfen. Zum Beispiel für eine Fantasiereise in die eigene Einrichtung, die Erstaunliches zu Tage bringen kann. Wo? In der Materialbox, die eigens zu dieser Praxisreihe erstellt worden ist.

1. Erkunden – Situationen analysieren

So gesehen …
Was ist der erste Eindruck von Ihrer Kita?
Schließen Sie die Augen: Was kommt Ihnen spontan in den Sinn? Zeigt die Kita ihr wahres Gesicht oder bekommt man einen falschen Eindruck, wenn man nach dem Äußeren geht? Kann man erkennen, was pädagogisch gewollt ist, an diesem Ort für Kinder?
Wie wollen Sie sich darstellen? Stimmt das mit dem Outfit des Hauses überein?

Wer seine Kita daraufhin durchleuchten will, ob die eigenen pädagogischen Vorstellungen tatsächlich realisiert werden können, erhält in diesem Kapitel methodische Anregungen:

- Analyse-Tipps, um sich selbst auf die Schliche zu kommen und die Veränderungspotentiale zu nutzen, die in einem selbst schlummern,
- Ermunterungen, auf die zu hören, für die dieses Haus gebaut ist: die Kinder und ihre Eltern,
- Animationen, zu prüfen, woran man erkennt – und erkennen soll, dass hier Kinder leben und Profis am Werke sind,
- Ideen, wie sich heutige Lebensverhältnisse von Familien in der Kita abbilden können, ohne dass lediglich Abziehbilder entstehen.

Gehen Sie einfach mit auf Entdeckungsreise in ein Land, das Sie zu kennen glauben – und seien Sie auf Überraschungen gefasst.

Fantasiereise, Sinnesspaziergänge, Videotour: Neue Formen, in seiner Kita umherzustreifen

Vorsicht, die Erzieherin ist geschrumpft! Sie entdeckt die Kita aus anderer Sicht

„Ich hätte nie gedacht, dass unser Eingang so bedrückend wirkt wie eine dunkle, muffige Halle. Wenn ich Kind wäre, ich würde mich fürchten." „Die Kinder können gar nicht alleine in die Kita kommen. Sie reichen nicht bis zur Türklinke und die Eingangstür ist so schwer, die kriegt kein Vierjähriges alleine auf. Unter ‚Herzlich Willkommen' verstehe ich etwas anderes."

Wer schon mal versucht hat, die eigene Kita aus der Perspektive von Kindern wahrzunehmen, entdeckt Überraschendes. Für all jene, die es ausprobieren wollen, hier einige Anregungen für eine virtuelle Reise durch scheinbar Vertrautes.

Angeleitete Fantasiereise

Besuchen Sie Ihre Kita wie ein Kino, als fünfjähriger Tim oder zweijährige Sabine. Wählen Sie sich ein konkretes Kind aus, in das Sie sich hineinversetzen wollen, und begleiten Sie es einen Tag durch Ihr Haus. Überlegen Sie sich vorher, worauf Sie besonders achten wollen. In jedem Falle auf den Eingang, denn er zählt zu den unterschätzten Orten. Vielleicht wollen Sie wissen, warum sich andernorts ein „Verkehrsknotenpunkt" mit permanenten Zusammenstößen herausgebildet hat. Dann suchen Sie ihn in Gedanken auf. Oder Sie wollen ergründen, warum eine Mädchenclique seit kurzem verloren durch die Gegend streunt, offensichtlich keinen Ort findet, an dem sie sich niederlassen kann. Dann begleiten Sie diese.
Sammeln Sie, was Sie zur Zeit interessiert, womit Sie unzufrieden sind, was Sie überprüfen wollen. Diese Fragen bauen Sie in die fantasierte Reise durch die eigene Kita ein. Denn man sieht nur das, wonach man sucht. Seien Sie aber auch offen dafür, Unerwartetes zu entdecken. Der Clou ist: Sie schrumpfen in Gedanken und können dadurch eine andere Perspektive einnehmen. Für eine solche Fantasiereise ist es jedoch nötig, dass eine Kollegin die „Reiseleitung" übernimmt und dafür sorgt, dass Sie ungestört bleiben. Denn wie bei allen angeleiteten Fantasiereisen werden die Teilnehmerinnen durch gezielte Impulse in ihrer Wahrnehmung für Wesentliches sensibilisiert. Eine Beschreibung mit wichtigen Hinweisen, worauf man achten muss, um mit seinem „fliegenden Teppich" sanft abzuheben und wieder sicher zu landen, gibt es in der Materialbox zu dieser Praxisreihe.

Videoreise mit dem Drehstuhl

Eine andere Möglichkeit, die Kitawelt aus Augenhöhe der Kinder zu sehen: Sie drehen den Büro-Stuhl der

Leiterin so weit herunter, dass Sie Kopf an Kopf mit der dreijährigen Beate sitzen. Sie halten eine Videokamera vors Auge und lassen sich von einer Kollegin oder einer Horde vermutlich johlender Kinder durch die Kita schieben. Entweder Sie überlassen den Kindern die Führung oder Sie überlegen sich vorher, was Sie unbedingt vor die Linse bekommen wollen.
Das Gleiche empfiehlt sich für einen Elternabend, als Einstimmung auf anstehende Verschönerungsmaßnahmen zum Beispiel.
Wenn Sie jetzt denken, warum dieser ganze Aufwand, warum werden nicht gleich die Kinder gefragt, wie sie ihr Haus sehen, was sie davon halten, dann haben Sie einerseits völlig Recht. Das ist der direkte Weg, der selbstverständlich auch gegangen werden muss. (Auf S. 18 f. und 50 f. können Sie nachlesen, was Kinder äußern.) Aber an dieser Stelle empfehlen wir die Muße für einen Umweg. Freuen Sie sich auf die Verblüffung, wenn Sie Gewohntes plötzlich völlig anders wahrnehmen. Genießen Sie den sinnlichen Perspektivenwechsel. - Vielleicht verstehen Sie danach noch besser, was die Kinder Ihnen sagen.

Sinnesspaziergänge

Wenn Sie wissen wollen, wo es in Ihrer Kita stinkt und wo es duftet, was sich gut anfühlt und was nicht, wo es angenehm ruhig oder unheimlich still ist, dann schärfen Sie Ihre Sinne und marschieren los. Am besten zu zweit, eine Test- und eine Begleitperson, vielleicht so:
Tastspaziergang: blind und barfuß
Riechspaziergang: blind
Sehspaziergang: taub
Hörspaziergang: blind

Nach zehn Minuten wechseln die Rollen: Die Begleitperson verbindet sich nun die Augen, stöpselt die Ohren zu oder zieht die Schuhe aus und lässt sich durch die Einrichtung führen.
Nach jedem Rundgang eine Pause machen und seine Eindrücke festhalten.

Diese Entdeckungsreise macht viel Spaß mit Kindern. Mit Erwachsenen kann sie auch sehr aufschlussreich sein.

Wissen Sie, wo es in Ihrer Einrichtung stinkt und duftet?

Entdeckungsreise in unbekannte Gefilde

Sich mit einem Thema vertraut machen, analysieren, nachdenken, erfolgt in Aktion - kann gleichzeitig pädagogisches Handeln mit Kindern sein. Es ist nicht bloß Kopfarbeit der Erwachsenen.
Erzieherinnen einer Modellkita wollten zum Beispiel genau wissen: Was sind vernachlässigte Bereiche in unserem Haus, und wie sehen diese aus der Kniebeuge aus? Unzufrieden waren sie mit dem Eingangsbereich, den Waschräumen und dem Turnraum. Dorthin sollte die Reise gehen, ausgerüstet mit einer Fotokamera und geführt von Kindern.
Einblick in ihre Einsichten:

Eingang

„Woran erkennt man unsere Kita?“
„Weil Georg gegenüber wohnt.“ „An den Wandbildern und dem Fensterschmuck.“
Erzieherin: „Was könnte schöner sein?“
„Na, die Bilder könnten mal neu gemalt werden.“
„Mit so Bildern, dass man kennt, was bei uns los ist; ’n Swingcart oder ’nen Kreisel, wo grad einer drin sitzt.“
Mittlerweile prangt ein bunter Schmetterling an der Hauswand.

Erkennungszeichen

Ergebnis eines Kinder-Mal-Wettbewerbs für das Logo der Kita. (Siehe S. 88)

Turnraum

Jessica, viereinhalb Jahre, sorgt sich vor allem um ihren kleinen Bruder Jan, der demnächst in die Kita kommt:
„Hier muss man unten was Weiches rein tun, weil Jan ist immer so neugierig und springt hier runter. Jan kann aber noch gar nicht Sport machen. Er fällt immer hin, beim Rennen. … Und er is ja noch so klein, der will auch mal aus dem Fenster gucken, wir brauchen ein anderes, ein weiter runteres Fenster.“
Erzieherin: „Kannst du da rausschauen?“ „Hm, kann ich nicht.“
Erzieherin: „Das wäre dann ja auch was für dich.“

Jessica sorgt sich um ihren kleinen Bruder

Waschraum

Die Erzieherinnen fotografieren aus der Augenhöhe von Kindern, die auf dem Töpfchen sitzen:

„Das sehen unsere Kleinen, wenn sie auf dem Topf sitzen. Wir sind entsetzt. Wo bleibt ihr Recht auf Ästhetik? Was können wir ändern, wo müssen wir Veränderungen einfordern, wo können und müssen wir selbst sofort etwas tun? Wie können Hortkinder helfen, für die Kleinen etwas zu ändern?"

Der Blick nach oben oder von oben herab

Till, knapp zwei Jahre alt, sitzt mit Vorliebe auf dem oberen Treppenabsatz und schaut herunter ins Foyer.

Besonders mag er die Wurzeln, die von der Decke hängen, und das Teufelchen auf der Litfaßsäule, sagt seine Mutter.
Erzieherin: „Uns fällt auf, dass die Kleinen besonderes Interesse zeigen für alles, was oben ist. Manche Erwartungen werden korrigiert. Zum Beispiel Kinder kommen, strecken die Arme aus, wir denken ans Knuddeln, dabei wollen sie nur ans Regal."

Der Blick nach draußen

Erzieherin: „Was veranlasst Carol, ein Kind, das sonst ständig in Bewegung ist, an dieser Stelle fast zehn Minuten zu verweilen? Was mag in ihrem Kopf vorgehen?
Vermutungen:
- Die verglaste Eingangstür ist der einzige Ort, an dem sie ohne fremde Hilfe nach draußen gucken kann.
- Vielleicht denkt sie: ‚Wann kommt meine Mutti?'"

Der Blick nach draußen. Woran denkt Carol?

Die Erzieherinnen gestalteten mit ihren Fotos eine Ausstellung für Eltern und andere Besucher. Weiße Blätter forderten die Betrachterinnen zu Kommentaren auf.

Lieblingsorte in der Kita

Drinnen dominieren Beziehungen, draußen Bewegung die Wahl der Lieblingsorte

Wenn man wissen will, was sich in der eigenen Kita verändern und was bleiben soll, was liegt dann näher, als mit den Beteiligten zu reden. Damit man keine Klischeeantworten bekommt, sind differenzierte Fragen wie zum Beispiel nach Lieblingsorten heute und früher wichtig sowie die Interpretation der Begründungen. Erzieherinnen befragten Kinder, deren Eltern und ihre Kolleginnen, wo sie sich in der Kita am liebsten aufhalten.

Drinnen geht es um Beziehungen, draußen um Bewegung

Die Lieblingsorte in der Kita definieren sich in erster Linie durch Beziehungen und in zweiter Linie durch Bewegungsbedürfnisse. Dies trifft für Mädchen wie für Jungen gleichermaßen zu, wenngleich sich Mädchen etwas häufiger an Personen orientieren. Das könnte die These einer feministischen Entwicklungspsychologin bestätigen, die besagt, dass Mädchen stärker in Beziehungen und Jungen stärker in Abgrenzung lernen und leben (Gilligan 1984). Je jünger die Kinder sind, umso mehr bestimmt das Beziehungsargument die Wahl der Orte. Aber es gilt selbst noch für Eltern und Erzieherinnen. Ausschließlich sach- oder tätigkeitsbezogene Begründungen sind selten. Einige typische Äußerungen:

„Ich spiele gerne in der Babygruppe, weil da die Babys sind." (Denise, drei Jahre)

„Da oben bin ich gern, weil da bin ich größer als mein Papa." (Mandy, drei Jahre)

„Im Turnraum, da kann man Sport machen." (Prisca, fünfeinhalb Jahre)

„Mein Gruppenraum, weil ich den nach meinen Vorstellungen und mit Kindern und Eltern eingerichtet habe." (Erzieherin)

„Ich bin am liebsten da, wo ich mein Kind sehen und mit der Erzieherin reden kann." (Mutter)

Im Freien dreht sich das Verhältnis um. Vorrangig wird genannt, was man alles tun kann, seltener wird dies mit Personen in Verbindung gebracht:

„Auf dem Spielplatz, weil ich gerne

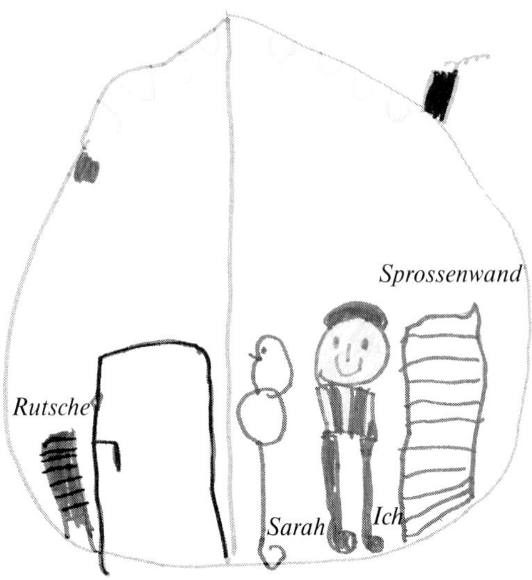

Im Turnraum bin ich am liebsten

Roller fahre." (Sandro, vier Jahre)
„An der Rutsche, rutschen macht Spaß." (Johanna, fünf Jahre)
„Der neue Spielplatz, da kann ich mit Ralph toben." (Antje, sechs Jahre)

Ungestörtsein ist die Devise

Dies ist Kindern drinnen wie draußen wichtig:
„Ich bin am liebsten im kleinen Gruppenraum, weil man da mit seiner besten Freundin ungestört spielen kann." (Mareike, sieben Jahre)
„Im kleinen Raum, weil ich da immer allein bin." (Juliane, sechs Jahre)
„Ich möchte mit Dirk eine Höhle bauen, die Kleinen sollen nicht immer alles kaputtmachen." (Julia und Dirk, beide fünf Jahre)

Mädchen bevorzugen anderes als Jungen

Zum Beispiel sind in den Projektkitas für Jungen Mobilität und Stärke wichtig und für Mädchen die Spiele mit Puppen. Bücher und Farben sind besonders bei den Mädchen beliebt. Auch wenn es aufgeklärten Erwachsenen nicht immer passt: Kinder scheinen immer wieder geschlechtsspezifische Stereotypen zu produzieren. Wir müssen sie zur Kenntnis nehmen, um vorsichtig Alternativen anzubieten.
Aber es gibt auch Nennungen, die nicht in dieses Schema passen.
„Im Gruppenraum, da höre ich gerne Musik- und Märchenkassetten und gucke mir die Bücher an." (Maria, fünfeinhalb Jahre)
„Rollerbahn, da kann ich mit meinem LKW fahren." (Robert, sechs Jahre)

Man kann nur wählen, was man kennt

Manche Aussagen zu den Lieblingsorten und insbesondere zu Lieblingsmaterialien lesen sich wie Inventarlisten. Wie soll man auch etwas anderes wünschen, als das, was man kennt? Die Frage danach, was Kinder, Eltern und Kolleginnen vermissen, kann weiterhelfen. Dabei stellten Erzieherinnen fest, dass es bei ihnen kaum Material für entdeckendes Lernen gibt. Tiere wurden auch vermisst. Eine Beobachtung älterer Kinder regte an, über weitere Spielmöglichkeiten nachzudenken. Sie schleppten von einer benachbarten Baustelle Material an, um sich Buden zu bauen. Jetzt lagern alle möglichen Baumaterialien auf dem Gelände.

In Wünschen der Kinder spiegeln sich oft Vorlieben der Erzieherinnen wider. So wählten die Kinder den Wald als Lieblingsort, deren Erzieherin gerne im Wald ist und dadurch den Kindern diesen Ort erschlossen hat.

Kinder sind abhängig davon, was Erwachsene ihnen ermöglichen

Die Auswertung zeigt, dass die Erzieherinnen großen Einfluss auf die Meinungsbildung der Kinder haben. Um wählen zu können, muss man Alternativen kennen: Hier liegt eine Aufgabe der Pädagoginnen, Kindern Welten zu eröffnen.

Lieblingsorte in der Kindheit

Erwachsene haben eigene Möglichkeiten herauszufinden, welche Orte für Kinder wichtig sind. Erinnern Sie sich daran, wo Sie selbst gerne gespielt haben, welche Orte Ihnen gefallen haben und welche nicht: Befragen Sie das Kind in sich selbst.

Erinnerungsreise

Auf zwei Blatt Papier malen Erzieherinnen jeweils den Ort, an dem sie am liebsten gespielt, den sie am meisten geliebt haben und den, den sie gemieden haben, wann immer sie konnten.
Es geht nicht darum, lange nachzudenken, sondern zu malen, was einem spontan in den Sinn kommt. Bei allen Unterschieden, die charakteristisch sind für individuelle Erfahrungen, gab es in vielen Fortbildungen mit Erzieherinnen markante Übereinstimmungen:

Lieblingsorte in der Kindheit waren häufig draußen, unbeobachtet und verboten

Lieblingsorte sind häufig draußen, selbst gewählt und erlauben unbeobachtetes Tätigsein. Es sind riskante oder verbotene Orte, Wasser oder eine Feuerstelle erhöhen den Reiz. Tiere spielen eine Rolle und oft wird auch erwähnt, mit wem man gerne dort war. Oder es ist der Ort, an dem man ungestört allein sein konnte. Je mehr der Raum angeeignet, selbst gestaltet werden konnte, umso zufriedener war man. Spielzeug schien dabei nicht so bedeutsam zu sein, wichtiger war die selbst gewählte Aktivität, eingebettet in ganz alltägliche Situationen.
Mit den Orten, die als Kinder gemieden wurden, verband man unangenehme bis schreckliche Erinnerungen mit Erwachsenen oder anderen Kindern. Orte, an die man zur Strafe geschickt, an denen man bloßgestellt worden ist. Manche sehen noch genau die Schulbank vor sich, vor der sie errötend standen, weil sie kein

„R“ sprechen konnten oder den Schulweg, auf dem sie von den anderen Kindern gehänselt wurden. Ein noch so schön gedeckter Tisch kann sich mit Horrorerinnerungen verbinden, wenn man dort so lange sitzen bleiben musste, bis der letzte Bissen runtergewürgt war.

Lehren, die Erzieherinnen aus ihren aktualisierten Kindheitserfahrungen gezogen haben:

- Kindern mehr Freiräume lassen oder neue schaffen.
- Mehr Spiel an unbeaufsichtigten Orten erlauben.
- Kindern den Zugang nach draußen zu jeder Zeit ermöglichen.
- Rückzugsmöglichkeiten schaffen.
- Material bereitstellen, das Eigentätigkeit erlaubt bzw. herausfordert.
- Überlegen, welche Tiere gut in der Kita leben können.
- Akzeptieren, dass Kinder Unterschiedliches wollen und brauchen.

Eines wurde vor allem klar: Räume sind zweifelsohne wichtig. Es gibt Orte, die einen besonderen Reiz ausüben. Aber mindestens genauso wichtig, wenn nicht sogar wichtiger, ist, was an diesen Orten geschieht, was man dort tun kann.

Vor allem zählte, was man an den Orten tun konnte und wer dabei war

Eine kleine Warnung: Diese Methode ist dann hilfreich, wenn man bei sich bleibt und zur Kenntnis nimmt, dass für andere Menschen anderes gelten kann. Wenn man seine individuellen Erfahrungen verallgemeinert, als Maßstab schlechthin nimmt, verstellen sie den Blick mehr als dass sie ihn öffnen. Wenn ich alle Kinder an meinen Erfahrungen messen würde, würde ich ihnen nicht gerecht. Um mit dem Psychoanalytiker Bettelheim zu sprechen: Trotz Achtung „des Kindes in sich“ bleibt die Wahrnehmung „des Kindes vor sich“ unerlässlich.

Eine unangenehme Erinnerung: der Schlafraum in der Kita

Wie die große Welt Spuren in der kleinen hinterlässt

Niemand ist verpflichtet, im Kleinen ein Abbild aller Zeitgeisterscheinungen zu schaffen

Einer der Erkundungsgänge führt hinaus in die Welt der Erwachsenen, an der die Kinder teilhaben, ob sie es wollen oder nicht. Wenn man nach dem Konzept des Situationsansatzes seine pädagogische Arbeit ausrichtet, kommt man um diesen großen Sprung nicht herum. Anders als manche Kritiker meinen, geht es jedoch nicht darum, Kinder mit Dingen zu belasten, die Sache der Erwachsenen sind, sondern im Gegenteil, sie von Folgen gesellschaftlicher Realitäten zu entlasten.

Niemand ist nämlich verpflichtet, im Kleinen ein Abbild aller Zeitgeisttendenzen darzustellen. Zum Beispiel kann aus der Analyse zerstückelter Zeiten folgen, dass Erzieherinnen in der Kita absichtsvolle Gegenerfahrungen stiften: Sie können dafür sorgen, dass Kinder ihren Tag selbst einteilen und lange Zeiten ungestört spielen können. Erzieherinnen haben die Freiheit, sich bewusst zu entscheiden, wo sie im Trend mitgehen und wo sie Ungewohntes ermöglichen wollen.

In jedem Falle heißt das, sich mit gesellschaftlichen Realitäten auseinander zu setzen und Position zu beziehen:

Womit sind Kinder tagtäglich außerhalb der Kita konfrontiert? Wie beurteile ich das? Welche Konsequenzen sind für die pädagogische Arbeit, hier konkret für die Raumgestaltung und -nutzung und das angebotene Material, zu ziehen?

An einigen aktuellen Lebensrealitäten sollen Handlungsmöglichkeiten der Pädagogik ausgelotet werden:

- Der Bewegungsraum für Kinder wird mehr und mehr eingeschränkt. Gilt das für Ihre Kita in gleichem Maße oder nutzen Sie die Ausgleichsmöglichkeiten, die eine pädagogische Einrichtung bieten kann?

Erzieherinnen können absichtsvolle Gegenerfahrungen ermöglichen

Sind z. B. Tische und Stühle weggeräumt bzw. stehen sie nur dort, wo man sie unbedingt braucht? Sitzen Ihre Kinder vielleicht lieber auf dem Boden? Sind bei Ihnen die Türen geöffnet und können die Kinder jederzeit nach draußen?

- Es gibt eine starke Reizüberflutung. Wie viel schmückender Krimskrams hängt in Ihrer Kita? Welches Motto gilt dort? „Je mehr, desto besser" oder „weniger ist mehr"?

- Konsumwütige Kinder werden beklagt.
Welcher Stil herrscht in Ihrer Kita? „Ex und hopp", in den Müll oder reparieren? Woher stammen die Möbel? Aus dem Katalog, egal, was sie kosten, oder sind sie selbst fabriziert?

- Über Politikverdrossenheit wird lamentiert.
Wer hat bei Ihnen das Sagen, wer entscheidet z. B. über die nächste Neuanschaffung, wer bestimmt die Farben? Wobei können Kinder und Eltern mitreden?

- Wir leben in einer multikulturellen Welt, in der das friedliche Miteinander eine sehr zerbrechliche Angelegenheit ist.
Wie gelingt Ihnen in Ihrer Einrichtung eine produktive Spannung zwischen Heimat und Fremde, zwischen dem, was deutschen Kindern vertraut ist, und dem, was Kinder aus anderen Ländern oder Erdteilen gewohnt sind?

- Ein schonender Umgang mit natürlichen Ressourcen wird gefordert.
Wie ist das in Ihrer Kita? Komposthaufen und Spartasten bei den Toiletten, vermutlich klar. Aber gelten Sie als zu pingelig, weil Sie Farben ohne Lösungsmittel wollen? Mit wessen Unterstützung können Sie rechnen? Können Kinder Anteil nehmen an solchen Auseinandersetzungen und Entscheidungen?

Das Schöne ist: Die bewusste Gestaltung der zugänglichen kleinen Welt wirkt sich auf die große aus. Warum diese Chance ungenutzt lassen?

Gut zu wissen, was man weiß

Analysieren = beschreiben + verstehen

So kommentierte eine anerkannte Praktikerin theoretische Überlegungen, die ihre tägliche Arbeit bestätigten. Auch hier werden Bezüge zwischen dem Erfahrungswissen, das in den Erkundungsreisen gewonnen werden kann, und theoretischen Erkenntnissen hergestellt. Das braucht man, um von einer Analyse sprechen zu können. Dadurch unterscheidet sich Analysieren vom Beschreiben: Es gibt Kriterien, nach denen man das, was man sieht und erlebt, interpretiert. Man nimmt nicht alles für „bare Münze", sondern macht sich seine Gedanken dazu. Man weiß, was man tut, warum so und nicht anders und welche Wirkung beabsichtigt ist. Als Folge davon kann Realität verstanden und absichtsvoll gestaltet oder verändert werden.

Wechselwirkung zwischen Mensch und Raum

Es ist nicht zufällig, dass sowohl in Befragungen der Kinder als auch in eigenen Kindheitserinnerungen Räume oft im Zusammenhang mit anderen Menschen eine Rolle spielen. Manche Theoretiker sprechen deshalb sogar von der Bedeutungslosigkeit des Raumes an sich (Parsons in Urban 1995, S. 27). Diese Position wird hier nicht bezogen, sondern die Wichtigkeit des „erlebten Raumes" betont (vgl. Bollnow in Maier 1984, S. 36). Es wird von einem Raum ausgegangen, den sich Menschen mit anderen zusammen aneignen und der seinerseits wiederum auf Menschen wirkt. Denn manche räumliche Gegebenheiten fördern und regen an, andere hemmen oder lähmen. Raumbedingungen sind gestaltete Wirklichkeit und als solche Ausdruck gesellschaftlicher Realitäten, zu denen man sich wiederum in Beziehung setzen, sich abgrenzend oder zustimmend verhalten kann. Jedes Individuum tut das auf seine Weise. Angepasst der eine - originell und schöpferisch die andere.

Aneignung von Räumen

Die Tatsache, dass man sich offensichtlich in Räumen am wohlsten fühlt, die man selbst gestalten, in denen man seine Spuren hinterlassen konnte, die mit einem selbst mitwachsen, korrespondiert mit der alten materialistischen Aneignungstheorie Leontjews. Diese auf der Basis von Wygotski entfaltete Grundlage besagt, dass sich Entwicklung in tätiger Auseinandersetzung mit der Umwelt vollzieht. Wir sprechen also hier von einer Pädagogik, die von der aktiven Besetzung der Wirklichkeit ausgeht, davon dass man sich im Leben im wahrsten Sinn des Wortes „einrichtet".

Dabei werden Kinder zwangsläufig mit Geschichte, Zeitgeist und Kultur vertraut. Sie nehmen Gegenstände –

Werkzeug, Spielzeug, Alltagsdinge – in die Hand, die Menschen geschaffen und andere aus der Fülle aktuell zur Verfügung stehender Objekte ausgewählt haben. Sie halten sich in Räumen auf, die Erwachsene als für Kinder geeignet gestaltet haben. Die Kinder eignen sich somit über die dingliche Welt die historische, kulturelle und soziale Welt mit an.

Innenräume reagieren auf Außenräume

Entscheidungen für die Gestaltung und Nutzung der Räume in der Kita beziehen mit ein, was Kinder außerhalb dieses Hauses zur Genüge haben und was ihnen fehlt. Deswegen ist die Analyse der Lebenswelten von Kindern im Allgemeinen und der Kinder der eigenen Einrichtung im Besonderen auch für das Schlüsselthema Räume von Bedeutung. Stammen die Kinder zum Beispiel überwiegend aus Elternhäusern, in denen Ordnung über allem steht, dann brauchen sie eine Kita, in der sie genügend Raum zur kreativen Unordnung bekommen. Oder ist es eher umgekehrt? Kommen viele Kinder aus Familien mit wenig Regeln und Strukturen, dann helfen klar gegliederte Räume mit, die innere Ordnung aufrechtzuerhalten.

Kinder leben mit allen Sinnen

Dieses Wissen kann als das verbreitetste vorausgesetzt werden. Viele Pädagoginnen beziehen sich auf Kükelhaus, auf seine differenzierten Abhandlungen und Rauminstallationen zu Sinneswahrnehmungen und Körpererfahrungen (Kükelhaus 1982). Seine Erkenntnis, dass vor allem die Nicht-Inanspruchnahme unserer Sinne Stress verursacht und ein wohltuender Anregungscharakter durch Unterschiede, ja Gegensätze, hervorgerufen wird (warm/kalt, rau/sanft, hell/dunkel, laut/leise …), zieht sich durch alle Literatur zur Raumgestaltung in Kindergärten.

Persönliche Erfahrungen + theoretisches Wissen = gute Ausgangslage

Gut zu begründen, was man tut

Die subjektiven Erfahrungen, eingebettet in theoretisches Wissen, bilden ein gutes Fundament für eine Raumkonzeption in einem Haus für Kinder. Jetzt müssen nur noch die pädagogischen Ziele mit eingebaut werden. Wie, dafür liefert das nächste Kapitel Material.

Erste Ergebnisse

Pädagogische Leitfragen zur Bestandsaufnahme der Raumsituation

Erzieherinnen der Modellkitas nutzten zu Beginn des Projektes Kindersituationen eine weitere Form der Bestandsaufnahme. Leitfragen auf der Basis situations-theoretischer Überlegungen dienten ihnen zur Erhebung des Iststandes.

Die Fragen lauteten u. a.:
- Lässt die Raumaufteilung sowohl gemeinsame als auch individuelle Tätigkeiten zu? Stimuliert sie die Eigenaktivität der Kinder? Haben Kinder gemütliche Rückzugsmöglichkeiten?
- Wer hat die Räume ausgestaltet? Wurden die Kinder in die Gestaltung und Veränderung einbezogen? Haben die Kinder „Spuren" hinterlassen? Spiegelt der Raum Erinnerungen an gemeinsame Aktivitäten und individuelle Erlebnisse wider?
- Können die Kinder sich den Raum, in dem sie sich aufhalten wollen, frei wählen? Haben sie freien Zugang auch zu anderen Räumen und Nebenräumen in der Einrichtung? Ist die Küche nutzbar für Kinder?

Auch Spiel- und anderes Material wurde unter die Lupe genommen:
- Gibt es ausreichendes, frei zugängliches Material zum Experimentieren und Gestalten, das die Kinder unterstützt, Eigenheiten und Möglichkeiten der Materialien zu erfahren, und das die Eigeninitiative der Kinder stimuliert?
- Wo kommen die Dinge her? Wer hat sie angeschafft? Waren die Kinder bei der Auswahl beteiligt? Gibt es auch Gebrauchsgegenstände der Erwachsenen für ihr Spiel?
- Hat jedes Kind einen Ort, an dem es persönliche Dinge aufbewahren kann?

(Auszug aus den Leitfragen zur Einrichtungsanalyse 1994)

Kurz zusammengefasst ergab sich folgendes Bild zu Beginn des Modellprojektes:
Die Aufteilung und Ausgestaltung der Räume ermöglicht ein vielseitiges individuelles und gemeinsames Tätigsein. Funktionsecken regen die Eigenaktivität der Kinder an. In einigen Einrichtungen sind durch den Einbau einer zweiten Ebene, durch Kuschelecken, Raumteilung mit Vorhängen etc. Rückzugsmöglichkeiten gegeben. Garderoben und Flure wurden zu Spielräumen umfunktioniert, und neue Räume für Musik, kreative Gestaltung oder zum Erzählen von Märchen wurden geschaffen. In zwei Einrichtungen können Kinder in eigener Küche kochen.

Die eigentlichen Gestalterinnen sind die Erzieherinnen, auch wenn sie sich sehr bemühen, die Kinder einzubeziehen

Die eigentlichen Gestalter der Räume sind überwiegend die Erzieherinnen, auch wenn sie sehr bemüht sind, die Kinder dabei einzubeziehen.
„Spuren" der Kinder zeigen sich insbesondere in den ausgestellten vielfältigen Kinderarbeiten, bei der Gestaltung der Räume zu Festen und Feiern und an den Urlaubskarten.

In einer Kita wurden die Räume gemeinsam mit den Hortkindern gestaltet. Es entstanden ein Theater- und Tanzraum, ein Lese- und Fernsehraum, ein Atelier und eine Werkstatt, eine Ritterburg mit fantasievollen Höhlen.
Aktuelle bzw. vergangene Erlebnisse, gemeinsame Aktivitäten spiegeln sich kaum in den Räumen wider.
Alle Räume der Kinder, zum Teil auch das Zimmer der Leiterin und der Erzieherinnen, sind den Kindern frei zugänglich, wobei die Kinder sich meist bei ihrer Erzieherin abmelden müssen, wenn sie andere Gruppen besuchen wollen. Die Erzieherinnen stellen fest, dass sich die Kinder am liebsten in ihrem Gruppenraum aufhalten.

Überall gibt es ein umfangreiches Materialangebot. Zugriffsbereit in Regalen, offenen Schränken, Schubladen, Kästen, Schalen, Rollwagen regt es die Kinder zu Spielen und Tätigkeiten an.
Gebrauchsgegenstände der Erwachsenen, „Schätze" und Sammlungen, die Kindern wichtig sind, Möglichkeiten zum Experimentieren und ernsthaftem Tätigsein sind selten anzutreffen. (Vgl. Ergebnisse der qualitativen Eingangserhebung 1994, Infodienst 1/94, S. 13 ff.)

Möglichkeiten zum Experimentieren sind leider selten vorhanden

Das war die Ausgangslage in den Kitas unseres Projektes. Wie es weitergegangen ist, erfahren Sie in Kapitel drei und vier.

Wie es in Ihrer Kita und Ihrem Hort aussieht und in Zukunft aussehen soll, das liegt in Ihren Händen.
Viel Erfolg!

2. Entscheiden – Ziele festlegen

Langsam: Gönnen Sie sich eine Denkpause!
Nach dem ersten Planungsschritt, nach der Analyse Ihrer Kitaräume, hält es Sie vermutlich nicht mehr auf den Zuschauerrängen. Sie wollen loslegen. Manches haben Sie sicher schon nebenbei geändert.
Lassen Sie sich jetzt trotzdem zu einer kleinen Denkpause animieren. Gerade bei diesem Thema, das dazu verführt, die Ärmel hochzukrempeln und dem Tatendrang nachzugeben, winkt bei Innehalten Gewinn. Manchmal lauert sonst der erste Frust schon hinter der nächsten Ecke. Vielleicht kennen Sie, was andere Erzieherinnen erlebten: Sie opferten ihr Wochenende. Mit Freunden oder Ehemann wurde die Kita nach den neuesten Erkenntnissen umgeräumt und umgebaut. Und was war der Dank? Die Kinder fanden's vorher viel schöner!
Oder man selbst hat zwei Wochen später die eigentliche gloriose Idee.
Deshalb: Überstürzen Sie nichts.

Lesen Sie in Ruhe dieses Kapitel und warten Sie ab, ob Ihnen neue Gedanken in den Kopf kommen. Denn nach einer gründlichen Analyse braucht man als nächstes Ziele, um zu entscheiden, wohin man will. Was kann mit einer Veränderung der Räume, mit neuem Materialangebot erreicht werden? Welche Chancen sollen Kindern geboten werden?

Welches Raumkonzept passt zu Ihren pädagogischen Vorstellungen? Welche Folgerungen ergeben sich aus den Erziehungszielen Ich-, Sozial- und Sachkompetenz für Raumgestaltung, Raumnutzung und Auswahl des Materials?

Erst die Beantwortung dieser Fragen bietet einigermaßen Gewähr, dass Sie nicht mit einer Sisyphusarbeit beginnen; nicht übermorgen das einreißen, was Sie heute aufgebaut haben.

Argumente für das Raumkonzept

Die Erschließung äußerer Möglichkeiten setzt die Nutzung innerer voraus

Im Projekt Kindersituationen wurden Raum-Regeln entwickelt, basierend auf den Grundprinzipien des Situationsansatzes und dem Bestreben, den Kindern Erfahrungen zu ermöglichen, die der Entwicklung von Ich-, Sozial- und Sachkompetenz dienen. Die Regeln sollen helfen, die pädagogischen Gestaltungsmöglichkeiten auszuloten, eigene Ziele auf dem Hintergrund dieses pädagogischen Konzeptes zu präzisieren und Qualitätskriterien zur Überprüfung der vier Kita-Wände zu entwickeln.
Weil vermutlich nicht jede Leserin, jeder Leser ständig alle Prinzipien des Situationsansatzes präsent hat, hier eine kurze Zusammenfassung. (Eine gründliche Erörterung findet sich im Handbuch zur Praxisreihe.)
Zunächst die Grundfähigkeiten für eine gelingende Ichidentität:

- Bedürfnisrepräsentation: wissen, was ich will
- Kommunikationskompetenz: zuhören und sich mitteilen können
- Empathie: sich in andere einfühlen können
- Frustrationstoleranz: aushalten können, dass nicht alles nach dem eigenen Kopf geht
- Ambiguitätstoleranz: wissen und ertragen können, dass die gleiche Realität unterschiedlich gesehen werden kann
- Normenkenntnis und -flexibilität: gültige Regeln kennen, sie auf Situationsangemessenheit überprüfen und ggf. ändern können.

Bei den Prinzipien des Situationsansatzes geht es vorrangig um:

- Lernen in und an realen Lebenssituationen.
- Erleben von Normen und Werten in konkreten Situationen.
- Lernen in Sinnzusammenhängen. Das meint die Verbindung von sozialem und sachbezogenem Lernen.
- Mitwirkung an der Gestaltung realer Lebenssituation.
- Dialog in der Erziehung. Sowohl zwischen Erzieherin und Kind als auch mit den Eltern und anderen Beteiligten.
- Förderung von Ich-, Sozial- und Sachkompetenz. Damit ist das Primat der ganzheitlichen Persönlichkeitsentwicklung umrissen.

Natürlich finden auch generelle pädagogische Grundsätze Eingang in die Raum-Regeln. Hierzu zählen insbesondere:

- Entwicklungsangemessenes und -förderndes pädagogisches Handeln. Bei altersgemischten Gruppen erfordert dies hohe Differenzierungsfähigkeit und pädagogische Kompetenz.
- Förderung des Spiels und der Vielfalt von Ausdrucksmöglichkeiten. Ein früherer Kritikpunkt am Situationsansatz, der in seiner Weiterentwicklung beachtet sein will.
- Interkulturelle und integrative Arbeit.

Vielfalt statt Einfalt ist das Motto und damit Integration statt Ausgrenzung.

Die daraus abgeleiteten Raum-Regeln (siehe S. 32) und die Praxisbeispiele beziehen sich zumeist auf eine Kombination mehrerer Prinzipien. In einer an realen Situationen orientierten Pädagogik wäre alles andere ein Widerspruch in sich.
Die Regeln sollen sicherstellen, dass Kindern bestimmte Erfahrungen ermöglicht werden. Räume sprechen durch ihre Atmosphäre. Sie erziehen mit, ob wir das beabsichtigen oder nicht. Sie fordern auf oder schränken ein, disziplinieren oder lassen Entfaltung zu, eröffnen Möglichkeiten oder verbauen sie. Es ist also eine pädagogische Entscheidung, welche Gelegenheiten Räume bieten, was Kinder dort lernen, was sie selbst erobern können. „Die Nutzung innerer Ressourcen ist dabei die Voraussetzung zur Erschließung der äußeren." (Urban 1995, S. 36) D. h. es lohnt sich über Erfahrungsdimensionen nachzudenken, damit die im Raum liegenden Wirkungen tatsächlich ausgeschöpft werden. Darin liegt der Diskussionsstoff für die pädagogische Selbstvergewisserung dieses Kapitels.

Vielleicht nutzen Sie deshalb die nächsten Seiten wie Arbeitspapiere zur Vorbereitung von Teamsitzungen. Wählen Sie aus, was in Ihrem Haus gerade „dran" ist, worin Sie eine Bestätigung Ihrer Arbeit sehen oder was Ihnen etwas überzogen vorkommt. Wenn jede Kollegin den anderen eine Regel vorstellt, kann ein lebhaftes Gespräch entstehen.

Übrigens: Keine Sorge, es wird nicht blauäugig davon ausgegangen, dass Erzieherinnen selbstherrlich schalten und walten könnten und nicht auch von äußeren Bedingungen abhängig wären. Zum Beispiel vom Träger, der fürs nächste Jahr keine Renovierungskosten bereitstellt. Im Gegenteil, das wird sehr wohl in Erwägung gezogen. Deswegen kann manches auch als Argumentationshilfe für eigene pädagogische Bestrebungen verwendet oder als Prüfkriterium an das Konzept des Trägers angelegt werden.

Die Ziele und Prinzipien des Situationsansatzes finden sich in unterschiedlichen Kombinationen in den Raum-Regeln wieder

10 Raum-Regeln im Situationsansatz

Kriterien, an denen man erkennen kann, ob in diesen Räumen Erziehung am Leben orientiert ist

1. Kinder haben das Recht, sich zu beteiligen: an der Gestaltung ihrer Räume, bei Entscheidungen über deren Nutzung, an der Auswahl und Herstellung von (Spiel-)Material.

2. Räume verändern sich, weil sich die Menschen ändern und das, was sie bewegt. Sie haben eine Geschichte, Platz für persönliche Spuren und lassen die Inhalte erkennen, mit denen Kinder aktuell beschäftigt sind. Deshalb sieht auch jeder (Gruppen-)Raum anders aus.

3. Untergliederte Räume oder die Aufteilung des gesamten Hauses ermöglichen, gleichzeitig Unterschiedliches zu tun. Mädchen und Jungen können allein oder in Kleingruppen ungestört tätig sein. Kinder unterschiedlichen Alters finden Entwicklungsanreize für ihre spezifischen Bedürfnisse. Bewegung und Ruhe kommen gleichermaßen zu ihrem Recht.

4. Häuser und Räume sind offen, auch für Eltern und andere Interessierte. Die Nachbarschaft wird einbezogen. Unterschiedliche Expertinnen und Experten sind häufige Gäste. Und draußen wird sich eingemischt. Wenn's mal nötig ist, wagt man auch, die Tür zu schließen.

5. In den Räumen spiegelt sich wider, dass es unterschiedliche Kulturen auf der Welt gibt. Dies drückt zum einen die Wertschätzung gegenüber den Kindern aus anderen Herkunftsländern aus, zum anderen relativiert es die Position des eigenen Bauchnabels.

6. Häuser und Räume passen sich behinderten Menschen an, nicht umgekehrt. Perfektion ist hier genauso wenig wichtig wie an anderer Stelle. Es geht darum, die Bereitschaft zu signalisieren, die Kita für behinderte Kinder und Erzieherinnen zugänglich zu machen.

7. Räume sind umweltfreundlich. Im Öko-System Kita wird auf eine gesundheitsförderliche Umgebung geachtet, umweltschonend gehaushaltet und der Umgang mit Grenzen geübt.

8. Weniger ist mehr, auch in Einrichtungen für Kinder. Räume lassen Platz zum Ausruhen überstrapazierter Nerven und ermöglichen damit Gegenerfahrungen zum reizüberfüllten Alltag.

9. Räume und Material sprechen alle Sinne an, weil wir mehr als einen haben. Es ist Platz für unterschiedliche Formen des Selbstausdruckes der Kinder, und Ästhetik ist ausdrücklich erlaubt.

10. Das (Spiel-)Material fordert Kinder heraus, es unterfordert und langweilt sie nicht. Es unterstützt ihr eigenständiges Entdecken und Erforschen der Welt.

1. Räume sind von Kindern mitgestaltet

Das Recht zur Mitgestaltung setzt voraus, dass Erzieherinnen Kinder und sich selbst ernst nehmen

Eine nahe liegende und weit reichende Chance, Kinder Einfluss auf ihre unmittelbare Lebensrealität nehmen zu lassen, ist, sie an der Gestaltung ihrer räumlichen Umgebung maßgeblich zu beteiligen.

Kinder erfahren dabei:
- dass jedes einzelne Kind gemeint und gefragt ist, jedes Einfluss nehmen und Spuren hinterlassen kann,
- dass Erwachsene fair mit Kindern umgehen, sie ernst nehmen und sich mit ihren Ideen auseinander setzen,
- wie man bei Meinungsunterschieden Lösungen finden kann,
- wie sie sich in offenen Situationen bewegen, Chaos aushalten und mit anderen gemeinsam Klarheiten schaffen können,
- wie sie eigene Fähigkeiten und Kenntnisse realistisch einschatzen und erweitern lernen,
- wie sie Räumen ihren Sinn und Gebrauchswert geben können und
- dass sie sich in ihrer Kita sicher und wohl fühlen können.

Ein Ergebnis wird vermutlich sein, dass die Kinder sich mit „ihrem“ Haus mehr identifizieren, als wenn Erwachsene ihnen - ein noch so schönes - Domizil zur bloßen Nutzung überlassen. Als Nebeneffekt ist zu erwarten, dass sie sich sorgfältiger darin bewegen, dass Achtlosigkeit und Zerstörung sich verringern werden.

Bei dieser Art von Mitbestimmung sind Erzieherinnen gefordert, nicht nur Kinder ernster zu nehmen, sondern auch sich selbst. Denn wenn andere mit entscheiden, heißt das nicht, seinen eigenen Gestaltungswillen aufzugeben.

„Ich möchte vor jedem Waschbecken einen Stuhl, und dahinten soll eine Wartebank hin, wie beim Frisör.“ (Sven, fünf Jahre)

2. Räume sind veränderbar

Veränderbarkeit ist nicht mit Provisorium zu verwechseln

Eine Einrichtung, die flexibel ist, erlaubt Kindern und Erwachsenen, ihre Aktionsräume zu verändern. Es kommen ältere oder jüngere Kinder ins Haus und bringen andere Bedürfnisse mit. Eine neue Kollegin nimmt ihre Arbeit auf und will ihren Stil zur Geltung bringen. Es können sich auch Inhalte ändern, die die Kinder gerade beschäftigen.
Themen sind nicht immer in den Köpfen oder unter Aktendeckeln verborgen, sondern öffentlich sichtbar: anschaulich an der Dokumentationswand präsentiert, vergraben in einem scheinbaren Durcheinander einer Materialkiste oder als (un-)fertige Bearbeitung auf dem Werktisch.

„Diesen Dino haben wir zu fünft alleine gemacht. Weil wir gerade ein Projekt dazu haben.“ (Laura, sechs Jahre)

Das Leben rund um die Kita hinterlässt Spuren im ganzen Haus. Seien es die Fotos über die kürzliche Aktion zur Verkehrsberuhigung, das Flugblatt zum Straßenfest an der Info-Wand oder die Adressen von Mieterberatungsverein, Arbeitslosentreff und Schwangerengymnastik.

Kinder und Erwachsene erfahren dadurch,
- dass sie Veränderungen bewirken können,
- wie die räumliche Umgebung mitwächst und den sich ändernden Bedürfnissen angepasst werden kann,
- dass auch Häuser eine Geschichte haben,
- dass sie die Chance haben, eigene „Duftmarken“ zu setzen,
- wie Räume zum Ausdruck bringen, was die Menschen bewegt und
- wie Verbindungen zum Leben außerhalb der Kita sichtbar gemacht werden können.

3. In Räumen spielt sich Unterschiedliches gleichzeitig ab

In den meisten Kitas leben Kinder unterschiedlichen Alters zusammen. Daraus ergeben sich hohe Anforderungen an das Raumkonzept. Es muss sowohl den Kleinen Verlässlichkeit und Orientierung bieten als auch den Größeren wachsende Freiräume gewähren. Bedürfnisse nach Ruhe und Bewegung müssen gleichermaßen gelebt werden können. In einzelnen Räumen sind nicht alle Wünsche gleichzeitig unterzubringen, das ganze Haus muss einbezogen werden. Kleinräumige Funktionsecken werden teilweise durch großzügige (Spiel-)Räume abgelöst. Flexible Raumteilung ermöglicht unkompliziert auch das Treffen in einer großen Runde. Stühle und Tische verlieren ihre dominante Stellung. Starre Öffnungszeiten des Turnraumes oder des Gartens werden zu Gunsten permanenter Zugänglichkeit aufgehoben. Sicherheits- und Hygienevorstellungen geraten auf den Prüfstand, müssen beweisen, dass sie den Bedürfnissen von Kindern dienen, nicht ihrer Disziplinierung.

Um folgende Erfahrungsdimensionen geht es hier:

- Jedem wird zugetraut und zugemutet, sich selbst zu entscheiden, was wo und mit wem getan wird.
- Man kann sich Bedingungen schaffen, um mit Konzentration und Ausdauer tätig zu sein, ohne andere zu stören.
- Jeder kann tun, was er will, beachtet dabei Regeln und nimmt Rücksicht auf andere.
- Man kann Hilfe oder Anregungen von anderen (Kindern und Erwachsenen) holen.
- Toben, rennen, kämpfen und seine Kräfte messen ist erlaubt,
- ebenso wie zurückziehen, nichts tun und die Seele baumeln lassen.

Kleine brauchen Orientierung, Große wachsende Freiräume. Alle brauchen Orte, an denen sie sich einzeln oder in selbst gewählten Kleingruppen ungestört aufhalten können

Die Erzieherin muss dabei wissen, dass klare Strukturen und Regeln Voraussetzungen für Offenheit sind. Dazu zählt auch die Durchschaubarkeit der räumlichen Gliederung und Zuordnung. Sie muss im Blick haben, wie viel Entscheidung und Verantwortung Kinder entwicklungsgemäß und situationsabhängig übernehmen können und womit sie überfordert wären.

„Manchmal soll Frau Günther nicht sehen und hören, was wir machen." (Thilo, vier Jahre)

4. Häuser und Räume sind offen

Nicht nur Innenräume werden gestaltet, sondern auch der Übergang zwischen drinnen und draußen

• Eltern sind erwünscht in diesen Kindertagesstätten. Manchmal gibt es spezielle Orte, an denen sie verweilen können. Befragungen ergaben allerdings, dass sie sich lieber dort aufhalten, wo ihre Kinder sind.

• Auch die Nachbarn sind eingeladen, am Leben der Kinder Anteil zu nehmen; ebenso wie Kinder und Erzieherinnen sich für das Geschehen im Stadtteil interessieren. Dieses gegenseitige Interesse hinterlässt sichtbare Spuren in der Einrichtung.

• Menschen mit besonderen Fähigkeiten sind gern gesehene Gäste und tragen dazu bei, eigenes Können weiterzuentwickeln. Sie werden geholt, wenn es darum geht, fachmännisch Möbel zu reparieren oder eine Skulptur für den Hauseingang zu bauen.

„Der Eingang ist fast wie ein kleiner Marktplatz, das gefällt mir." (Mutter)

• Kinder sind die Hauptpersonen in diesem Haus. Das merkt man schon an einladenden Symbolen und aufmunternd gestalteten Übergängen, die sie willkommen heißen. Wohlmeinende Fürsorge will oft alles Gute und Schöne für die Kinder in die Einrichtung holen. Aber ein Qualitätsmerkmal von Kitas besteht gerade darin, als „Einrichtung mittlerer Distanz" (du Bois) Kindern den Übergang von der Familie in die anonyme Öffentlichkeit zu erleichtern. Diese Brücke zwischen privatem und öffentlichem Raum sind sie jedoch nur dann, wenn sie sich nicht ihrerseits wie eine feste Burg abschotten. Öffnung in diesem Sinne bedeutet, sich nicht nur auf den Innenraum der Kita zu beschränken, sondern den Kindern zu helfen, sich einen immer größeren Raum außerhalb der Kita zu erschließen.

Wesentliche Erfahrungsdimensionen sind:

• „Hier bin ich willkommen." – Hier sollen sich in erster Linie Kinder wohl fühlen können.
• „Hier darf ich jederzeit auch raus."
• Eltern sind keine Störenfriede, sie gehören dazu.
• Fast immer gibt es irgendwo irgendjemanden, der etwas weiß und kann, das einem selbst weiterhilft.
• Trotz großer Offenheit kommt das Bedürfnis nach Geborgenheit nicht zu kurz; auf eine ausgewogene Balance wird geachtet.
• Nach draußen gehen, sich einmischen gehört dazu.

5. Räume machen unterschiedliche Kulturen sichtbar

Räume spiegeln kulturelle Eigenheiten wider, wenn Kinder aus fernen Ländern die Kita besuchen. Als Ausdruck der Wertschätzung finden sich zum Beispiel Bücher, Plakate, Spiele, Bilder, Gegenstände aus dem Alltag ihrer Herkunftsländer. Mitunter ist es ausländischen Kindern nicht möglich, Dinge aus ihrer Heimat mitzubringen, die Umstände ihrer Flucht ließen es nicht zu. Dann gibt es auch andere aufmerksame Gesten. Vielleicht werden typische Möbelstücke gemeinsam mit den Eltern hergestellt, ist auf einer Weltkarte das Herkunftsland markiert oder hängen Fotos aus Zeitschriften an der Wand. Wesentlich ist, dass die Raumgestaltung Kindern aus anderen Kulturen Geborgenheit vermittelt und den gebührenden Respekt zeigt vor dem, was ihnen vertraut ist.
Selbst wenn nur Kinder deutscher Nationalität die Kita besuchen, was in den neuen Bundesländern keine Seltenheit ist, gilt diese Regel. Zum einen ist es auf unterschiedliche Gebräuche und Sitten innerhalb eines Landes genauso übertragbar wie auf Minderheiten (zum Beispiel auf die Sorben in Brandenburg). Zum anderen ist es gerade für Kinder, die in ihrem unmittelbaren persönlichen Umfeld keine Chance zu Kontakten mit Menschen aus anderen Kulturkreisen haben, doppelt wichtig, über andere Länder, andere Sitten etwas zu erfahren und dies als selbstverständlich zu erleben.

Dabei kommt es vor allem auf folgende Erfahrungen an:

- Der eigene Nabel ist zwar der Mittelpunkt der eigenen, aber nicht der gesamten Welt.
- Anderswo ist anderes normal.
- Geschmäcker sind verschieden, wie in der eigenen Familie, so erst recht in der ganzen Welt.
- Unterschiede können bereichern.
- Wenn mir etwas fremd ist, kann ich versuchen, es kennen zu lernen, es zu verstehen, ich muss es ja nicht gleich lieben.
- Was anders ist, muss nicht „besser“ oder „schlechter“ sein, manchmal ist es einfach nur „anders“.
- Wenn ich etwas nicht verstehe, kann ich danach fragen.

Auch Gegenstände können den Respekt vor Traditionen aus anderen Kulturkreisen zum Ausdruck bringen

„Die Märchen von 1001 Nacht höre ich hier am liebsten.“ (Claudia, sieben Jahre)

6. Räume passen sich behinderten Menschen an, nicht umgekehrt

Es geht nicht um Perfektion, sondern um den Willen, behinderten Kindern oder Erzieherinnen das Leben in der Kita zu erleichtern

Es gilt heutzutage als selbstverständlich, Neubauten behindertengerecht zu planen. Trotzdem empfiehlt sich eine Überprüfung auf Zweckmäßigkeit, denn gut gemeint ist auch hier nicht immer gut gekonnt. Zum Beispiel enden schräge Rollstuhlabfahrten manchmal mitten im Radfahrweg oder lassen sich andere Unüberlegtheiten entdecken, wenn man mit den Betroffenen selbst auf Erkundungsfahrt geht.
Bei alten Bauten sollte deren räumliche Gegebenheit kein Hinderungsgrund sein, z.B. ein blindes oder gelähmtes Kind aufzunehmen. Die Bereitschaft, entsprechende Umbauten vorzunehmen, muss vorausgesetzt werden, damit Integration statt Ausgrenzung zum Lebensprinzip werden kann.

Dabei erfahren Kinder und Erwachsene gleichermaßen:
- wie man äußere Bedingungen schaffen kann, um Menschen mit Einschränkungen die Teilhabe am normalen Leben zu erleichtern,
- wie man mit Unterschieden zusammenleben kann,
- dass Behinderungen etwas Normales sind und:
- „Mit meiner Behinderung kann ich am alltäglichen Leben teilnehmen."

„Der Handlauf hilft der blinden Maike sich zu orientieren und stellt für andere Kinder eine Attraktion dar." *(Leiterin)*

7. Räume sind umweltfreundlich

Man könnte beim Thema Ökologie paradoxes Lernen üben, und das ginge so:
Kindern wird erzählt, wie sorgsam mit der Natur und ihren begrenzten Möglichkeiten umzugehen ist. Gleichzeitig heizt man zum Fenster hinaus, verschwendet Wasser in Toiletten und lässt sich das Essen täglich in Stanniolverpackung liefern …
Man kann aber auch die Realsituation „Haushalt Kita“ als Lernfeld nehmen und sehen, was sich machen lässt:
Getrennte Müllsammlung zum Beispiel, die mittlerweile fast überall zum Alltag gehört. Eigene Kompostierung und Gemüse- oder Kräuterbeete, wie sie selbst in Großstadt-Kitas keine Seltenheit mehr sind. Man kann Möbel oder Spielzeug selbst reparieren, statt wegzuwerfen, wenn es kaputt ist. Plastikgeschirr kann durch Porzellan ersetzt werden. Dann erleben Kinder, wie man ökologisch haushalten, dabei sparen und manchmal sogar lukullischen und ästhetischen Gewinn haben kann. Gleichzeitig wird man sicher auch mit allen Tücken eines umweltbewussten Lebens konfrontiert, mit eigener Bequemlichkeit und „Umweltsünden“ trotz besseren Wissens. Frustrationen aufgrund individuell verantwortlichen und politisch unverantwortlichen Handelns gehören bei diesem Thema unweigerlich dazu.

Kinder und Erwachsene können dabei die wesentlichen Erfahrungen machen, dass

- auch Einzelne einen Beitrag zu umweltfreundlichem Verhalten leisten können,
- Wiederverwertung und Abfallvermeidung möglich sind,
- Möbel- und Spielzeugreparaturen finanzielle und ökologische Ressourcen sparen,
- selbst gezogene Kräuter und selbst gekochte Marmeladen einfach gut schmecken,
- Umweltbewusstsein nichts mit Leichenbittermiene zu tun haben muss,
- Frustrationen bei diesem Thema leider nicht auszuschließen sind;
- mit eigenem widersprüchlichem Verhalten zu rechnen ist und man sich trotzdem nicht entmutigen lassen muss.

Alle Kitas brauchen eigene Küchen, aus ökologischen und lukullischen Gründen

„Das Obst haben wir gestern gepflückt, und morgen gibt's Marmelade.“ (Kai, fünf Jahre)

8. Weniger ist mehr und Ästhetik ist erlaubt

Nirgendwo steht geschrieben, dass Räume für Kinder überladen, kitschig und von gestern sein müssen

Kindertagesstätten sind meist Abbild der allgemeinen Reizüberflutung und Konsumfülle. Dabei könnten sie erholsame und ausgleichende Orte sein, die den Blick auf Wesentliches lenken. Der Wert einzelner Gegenstände könnte wieder zur Geltung kommen. Der Sucht nach mehr, mehr, mehr ... könnte genussvolle Genügsamkeit entgegengesetzt werden.

Räume der Kindheit wirken geschmacksbildend: Und nirgendwo steht geschrieben, dass Räume der Kinder überladen, kitschig oder von gestern sein müssen. Allerdings: Wenn Kinder tatsächlich etwas zu sagen haben, werden sich auch Erwachsene mit dem Stil der Kinder auseinander setzen und anfreunden müssen.

„Seit kurzem machen wir in unserem Kindergarten Vernissagen mit Bildern kleiner und großer Künstler." (Erzieherin)

Eine derartig bewusste Gestaltung der Kitaräume ergibt sich aus der Analyse heutiger Lebensverhältnisse. Damit wird beispielhaft deutlich, dass der Blick in die Erwachsenenwelt, auf Reizüberflutung und Konsumorientierung zum Beispiel, Kindern keine „großen" Themen überstülpen muss. Die pädagogische Antwort ist kein Lernprogramm gegen etwas, sondern eine gelebte Alternative.

In diesem Falle sind Gegenerfahrungen zu gängigen Alltagseindrücken pädagogisches Ziel. Wie z. B. jene:

- Im entrümpelten Alltag lebt sich's leichter.
- Was der eine für überflüssig hält, kann ein anderer vielleicht gut gebrauchen.
- In Ruhe genossene Eindrücke bereichern.
- Zu viele Eindrücke stumpfen ab.
- Leerstellen in der Kita lassen Platz zum Luftholen und der eigenen Fantasie freien Lauf.
- Einzelnes wird wichtig und nicht ohne weiteres ersetzbar.
- Weniger Spielzeug und mehr Material zum eigenen Tätigsein fördern die Kreativität.
- Unter bestimmten Bedingungen bringt Verzicht Gewinn.
- Kunst ist nicht nur für Erwachsene da.

9. Räume sprechen alle Sinne an

Weil man Eindrücke braucht, um sich ausdrücken zu können, bietet die Kita Reize für alle Sinne an. Augen und Ohren wird eher Ruhe gegönnt, sie sind von der Umwelt sowieso überstrapaziert. Dafür bekommen die anderen Sinne etwas mehr geboten. Werkstätten für kreative Betätigung sind anspruchsvoll ausgestattet, weil es nicht um die Beschäftigung von Kindern geht, sondern um die Förderung ihrer Fantasie.
„Das Wissen kommt durch das Tor der Sinne“ (Heraklit). Diese Weisheit des griechischen Philosophen kann in der Kita zur vollen Entfaltung kommen. Vermutlich werden Erzieherinnen sogar mehr von den Kindern lernen, als sie ihnen beibringen können. Wenn man Kinder lässt, zeigen sie den Erwachsenen, wie sie mit allen Fasern auf die Welt zugehen.

Obwohl es zu den pädagogischen Binsenweisheiten gehört, dass Kinder die Welt mit allen Sinnen begreifen, sollte man sich immer mal wieder daran erinnern.
Erfahrungsdimensionen, die zählen:

- Man kann nicht nur sehen und hören, sondern auch riechen, schmecken und tasten.
- Es kann unterschiedliche Vorlieben für die einzelnen Sinne geben.
- Ungestraft plantschen und matschen ist schön.
- Es gibt viele unterschiedliche Formen, Eindrücke auszudrücken.
- Erwachsene können auch von Kindern lernen.

Weil man Eindrücke braucht, um sich auszudrücken, bietet die Kita Reize für alle Sinne

„Das ist unser Malatelier, und das Regal haben wir mit Herrn Meister selbst entworfen und gebaut.“ (Max, acht Jahre)

10. Es gibt Material, das herausfordert

In Kitas müsste es lauter kleine Forschungslabors geben

Kinder sind „Akteure ihrer Entwicklung“. Sie holen sich, was sie brauchen. Es muss allerdings etwas zu holen geben, und es muss erlaubt sein, dies zu tun. Deswegen braucht es in Kitas zusätzlich zum Spielzeug auch „Ernstzeug“.
Selbstverständlich gibt es all die Spielsachen, die Kinder lieben: Puppen, Autos, Bausteine, Buntstifte …
Und dazu all das, was uns Erwachsenen als nicht besonders pädagogisch wertvoll erscheint, aber von den Kindern heiß und innig geliebt wird. Darüber hinaus sollen Kinder in ihren Häusern noch anderes finden. Da sie von Natur aus Forscher sind, brauchen sie Material, das zum Untersuchen, Entdecken und Experimentieren taugt, mit dem man sorgfältig umgehen muss und für das man auch mal eine Anleitung braucht. Wenn ihnen diese Kompetenz zugetraut wird, müssten in Kitas eigentlich viele kleine Forschungslabors zu finden sein.

Auswahlkriterium für Spiel- und Ernstzeug sollte sein, ob die Kinder die Erfahrungen machen können:

- Selber denken macht schlau, und Bücher oder kluge Erwachsene können weiterhelfen.
- Es gibt viele Wunder dieser Welt zu entdecken.
- Man muss an manchen Sachen dranbleiben, um Erfolg zu haben.

Was ist in Ihrer Kita möglich – was soll möglich sein?

Aus den pädagogischen Zielen ergeben sich Maßstäbe für die Überprüfung von Kitaräumen und dessen, was in ihnen möglich sein soll. Wenn die Regeln zur Raumnutzung und -gestaltung einleuchten, mit eigenen pädagogischen Ideen übereinstimmen oder daraufhin konkretisiert worden sind, dann können sie wie eine Checkliste genutzt werden. Sie finden damit Bestätigung für die Entwicklungschancen, die sie Kindern schon ermöglichen, und entdecken neue, die sie noch eröffnen können.

Damit endet dieses Kapitel zwei, in dem es um die Entscheidung für pädagogische Ziele ging, mit einer weiteren Erkundung. Neue Einsichten machen eine neuerliche Analyse sinnvoll. Die Wahl konkreter Handlungsschritte wird dadurch erleichtert, begründbarer und zielgerichteter.

Das entspricht einem Planungsprinzip des Situationsansatzes: Es geht nicht eindimensional und ohne Rückwärtsgang von einer Planungsphase zur anderen. Immer wieder wird man beim Erkunden handeln, nach der Entscheidung für Ziele zurück zu einer neuerlichen Teil-Erkundung springen, zwischen Aktionsphasen Denkpausen einlegen usw. Manchmal muss man überlegen, in welcher Planungsphase man sich gerade befindet, denn irgendwann geht eine in die andere über. Spiral-Planung könnte man auch dazu sagen. Aber das ist Erzieherinnen ja vertraut: In der Praxis wird nicht so trennscharf gehandelt, wie in der Theorie geschrieben wird.

Wenn die Richtung klar ist, findet sich ein Weg

An dieser Stelle empfiehlt es sich also, möglicherweise noch einmal einen kurzen Erkundungsgang zu machen. In Gedanken oder real einige Raum-Regeln auszuwählen und zu überprüfen, welche der aufgelisteten Ziele bereits befriedigend realisiert sind und welche nun Vorrang bekommen sollten. Am Ende haben Sie mit Sicherheit begründete Ansatzpunkte für erste sinnvolle und überlegte Handlungsschritte.

Ausnahmen von der Regel gibt es

Wider die Perfektion

Ach ja, und übrigens, Regeln sind dann lebendig, wenn es Ausnahmen gibt. Einige Vorschläge dazu:
Kinder haben das Recht,
- sich nicht zu beteiligen,
- unordentlich zu sein,
- andere Prioritäten als Erwachsene zu setzen,
- Kitsch zu lieben oder
- an völlig anderem als an Räumen interessiert zu sein.

3. Handeln – Situationen gestalten

Ja, wie denn nun? Werden Sie sich vielleicht jetzt fragen, tausend Ideen und einige Ziele zur Gestaltung und Nutzung von Räumen klar im Kopf. Aber:

• Womit beginnen?

• Wie mit den unterschiedlichen Wünschen umgehen?

• Wenn sich Kinder ein Schlaraffenland wünschen, was dann?

• Mit Schulkindern ist ja vieles vorstellbar, aber mit den Kleinen?

• Ein Umzug mit Kindern? Auch das noch!

• Was könnte empfehlenswertes (Spiel-)Material sein, das Kinder fordert und nicht langweilt?

• Wie lebt es sich in einer entrümpelten Kita?

• Verwirrt es nicht, wenn man an all die Regeln denkt?

In diesem Kapitel wird gezeigt, auf welche Ideen Erzieherinnen gekommen sind. Praxisbeispiele, die beflügeln, eigene Ideen herauslocken, den letzten Kick für eine radikale Veränderung geben ...

Ein Sortiment, das zur Selbstbedienung animiert. Kein Innenarchitekt steht hinter Ihnen und bewertet. Die Maßstäbe sind anderer Natur. Es sind pädagogische Standards, die sich aus dem Situationsansatz ableiten und die sich an einem lebendigen Zusammensein mit Kindern orientieren. Diese im vorangegangenen Kapitel entwickelten Raum-Regeln finden sich in vielfältiger Weise und unterschiedlichen Kombinationen in den Berichten aus der Praxis wieder. Die Bewertung erfolgt gemeinsam mit Ihren Kindern.

Kinder beteiligen, aber wie?

Die richtige Frage finden: zuhören

„Zu Beginn sollten die Kinder malen oder sagen, was sie in ihrem Gruppenraum anders haben wollten. Da hatten wir das erste Problem: Sie konnten es nicht. Nur einzelne Kinder umschrieben, was sie meinten, und das sehr weitschweifig. Also musste ich Methoden finden, die ihnen halfen, Vorstellungen zu entwickeln und ihre Wünsche zu konkretisieren.“ So wertet eine Erzieherin aus Berlin ihre ersten Versuche aus, Kinder in die Raumgestaltung einzubeziehen.
Sie kennen das: In dem Alter, um das es hier geht, können Kinder nur dann räumliches Vorstellungs- und Denkvermögen entwickeln, wenn sie dabei die Dinge vor Augen haben und handeln können. Der reichhaltige Erfahrungsschatz von Erzieherinnen an kindgemäßen Beteiligungsformen ist gefragt. Denn es geht nicht um legitimatorisches Einbeziehen von Kindern als Zuschauer oder Kopfnicker, sondern darum, sie ihren Möglichkeiten entsprechend teilhaben zu lassen.
Aus den Erfahrungen von Erzieherinnen kristallisieren sich einige Empfehlungen heraus:

Tatsächliche Interessen erkennen

Beobachten und Zuhören ist das A und O einer Pädagogik, die Kindern und ihrer Meinung Gehör verschaffen will. In konkreten Situationen äußern Kinder, was sie bewegt, was wichtig für sie ist. Eine Stunde später danach befragt, sind sie ganz woanders, erfordert die Beantwortung abstraktes Denken, und schon wird die Antwort zufallsabhängig und wenig aussagekräftig.

Anschauliche Möglichkeiten aufzeigen

Hingehen, andere Kindereinrichtungen besuchen und anschließend konkrete Alternativen zur Wahl stellen, hilft Kindern, sich Neues vorstellen zu können.
Zum Wählen eignen sich Muggelsteine vorzüglich: Wenn Kinder sich z. B. aus vier Vorhangstoffen für einen entscheiden können, bekommt jedes Kind einen Stein in die Hand und legt ihn auf die Gardine seiner

Wahl. (Noch besser unter den Stoff, damit die gegenseitige Beeinflussung wegfällt.) Das ist konkret, anschaulich, und die Wahl ist echt, denn alle vier Möglichkeiten kommen im Prinzip in Frage. Mit Kindern in ein Gardinengeschäft zu gehen und aus der Fülle überquellender Regale den passenden Stoff zu finden, wäre dagegen überfordernd.

Konkrete Fragen stellen

Manche Kindergruppen haben mittlerweile Erfahrung mit konferenzähnlichen Besprechungen. Selbst in altersgemischten Konstellationen werden damit gute Erfahrungen gemacht - wenn die Fragen anschaulich sind. Meistens spüren die Kleinen nur, wie bedeutsam das ist, was sich gerade abspielt, und sind gebannt. Die Großen lernen eine Kultur des Diskurses, der selbstbewussten Äußerung eigener Meinungen, ohne davon auszugehen, dass sie in jedem Falle zum Zuge kommen. Denn die Erfahrung zeigt, auch andere haben Meinungen, und man muss zu einer Einigung finden.

Den richtigen Zeitpunkt abpassen

Zum Beispiel hatten Kinder einer Kita in Rostock kurz vor ihrem ersten Schultag - zum Leidwesen ihrer Erzieherin - überhaupt keinen Nerv, sich um ihre neuen Horträume zu kümmern.
Nun hatte sie mehrere Möglichkeiten: Entweder sie bereitet den Kindern einen Empfang in schönen neuen Räumen, um ihnen zu zeigen, dass sie hier willkommen sind. Oder sie stellt zwar einen Begrüßungsblumenstrauß auf, belässt ansonsten eher ein Provisorium und wartet ab, bis die Kinder die ersten aufregenden Wochen in der Schule so weit überstanden haben, dass sie sich auf andere Dinge einlassen können.
Ihr Fingerspitzengefühl und die Kinder selber werden ihr signalisieren, welcher Weg der richtige ist.

Das tatsächliche Interesse erkennen: beobachten

Vom Wunschzettel zur Prioritätenliste

Wenn Erwachsene Kinder wohlmeinend beteiligen und sie einzig und allein die offene Frage „Was willst du?“ stellen, besteht die Gefahr, dass sie sich zum Weihnachtsmann machen, der die von Kindern geäußerten Wünsche überhaupt nicht erfüllen kann. Deshalb sollte immer ein Dreierschritt im Kopf sein:

1. Die Bestandsaufnahme
Was gefällt und was nicht? Was soll unbedingt bleiben, und was sollte sich auf jeden Fall ändern? Gute Erfahrungen gibt es mit „Gutachtergruppen“ interessierter Kinder, die durch die Einrichtung streifen und Kinder und Erwachsene befragen.

Den richtigen Zeitpunkt abwarten: Geduld

2. Die Wunschliste
Welche Räume braucht ihr unbedingt? Was wollt ihr tun in der Kita? Die Älteren können nach einer

Empfehlungsliste gefragt werden: Welche Räume sollten in einer Kita sein? Auch hier können sich Kinder als Interviewer betätigen und vielleicht sogar anschließend der Gruppe Tonbandaufnahmen präsentieren. Besonders spannend kann es werden, wenn auch Elternmeinungen auf der Konserve sind.

Zuerst das Wunschkonzert: dann die Umsetzungsfantasie

3. Die Realisierungschancen

Meist werden nicht alle Wünsche erfüllt. Das weiß man schon aus Märchen. Deswegen können sie auch für das Aufstellen einer Rangfolge als Vorbild dienen: „Stell dir vor, eine Fee schenkt dir drei Wünsche. Du sollst sorgsam mit ihnen umgehen. Was ist dein erster (dein zweiter, dein dritter) Wunsch für den Turnraum?“ Die Größeren können Punkte kleben, wie bei der Moderationsmethode der Erwachsenen.

Dabei bewegt man sich gleichzeitig in Richtung Realität. Bei einer utopischen Idee muss der Ansatzpunkt für die Verwirklichung gefunden oder bei einer teuren Angelegenheit die Finanzierung geklärt werden.

Jede Phase hat ihre Berechtigung und braucht ihre Zeit. Die Beispiele der vorangegangenen Seiten zeigen, dass Kinder sich liebend gerne ein Schlaraffenland ausmalen, sich aber durchaus auf den Boden der Tatsachen holen lassen, wenn erkennbar ist, dass zwar nicht alle Wünsche, aber doch einige realisiert werden können. Gibt es zum Beispiel ungenutzte Abstellkammern, die Platz für eine Werkbank bieten? Kann ein Raum provisorisch umgeräumt werden, um auszuprobieren, ob eine bestimmte Idee trägt? Oder auch ganz anders gewendet: Weil ein eigener Swimmingpool doch zu teuer ist, hilft eine Vereinbarung weiter, regelmäßig ins nächste Schwimmbad zu gehen.

Ergebnisse veranschaulichen

Ergebnisse sichtbar machen: dokumentieren

Meinungsumfragen, Zwischenergebnisse, Verabredungen oder Rangfolgen sollen sichtbar festgehalten werden. Beschriftete Wandzeitungen, Collagen aus Zeitschriften zusammengeklebt, Kinderzeichnungen, „Vorher-Nachher"-Fotos …, der Kreativität sind keine Grenzen gesetzt. Diese sichtbaren Zeichen dienen der eigenen Vergewisserung, halten den Stand des jeweiligen Prozesses fest, dokumentieren die pädagogische Arbeit und helfen den Kindern, den Faden nicht zu verlieren.

Zum Beispiel: Ein Werkzeugkasten soll gekauft werden.

Klares Ergebnis einer Prioritätenliste war: Ein Werkzeugkasten muss her.
Die Erzieherin regt in der Ideenkonferenz an, über Pfandflaschenrückgabe dafür Geld zu sparen, denn die Kasse der Kita war aufgrund vieler Neuanschaffungen leer.
Ein Abbild des Werkzeugkastens aus dem Katalog hing schon an der Wand.
Die Überlegung, wie viel Flaschen man verkaufen muss, um zum Beispiel einen Hammer bezahlen zu können, übersteigt das Vorstellungsvermögen der Kinder. Deshalb kam die Erzieherin auf folgende Idee:
Ein- und Zwei-Euro-Münzen wurden abgerubbelt, ausgeschnitten und in der Summe, die der Werkzeugkasten kostete, unter dessen Bild geklebt. Immer wenn Geld ins Sparschwein kommt, kann der entsprechende Betrag abgenommen werden. Die Kinder begreifen das Prinzip schnell und wetteifern um die wöchentliche Flaschenrückgabe. Als dann ihr Wunsch wahr wurde, erzählten sie allen stolz von ihrem Erfolg.

Was Hortkinder wollen, wenn sie gefragt werden

Seit zwei Jahren wird in der Kita „Uns Windroos“ in Bad Doberan an der Ostsee umgeräumt. Hauptgrund ist, es kamen 90 Hortkinder und beanspruchten ihr Recht. Gäste bestätigen immer wieder, dass ihnen nicht nur die Farbgestaltung in diesem Hause gefällt, sondern vor allem, wie sich die Mitsprache und das Leben der Kinder widerspiegeln. Wie macht sich das bemerkbar?
Das verdeutlicht eine Erzieherin am Beispiel ihres Raumes. Seit zwei Jahren ist sie dort, mit vier Mädchen und neun Jungen, die jetzt in der 3. Klasse sind. Die Kinder bezeichnet sie als „lebhaftes Völkchen“, denen es zunächst vor allem darauf ankam, dass man ihrem Raum ansah, dass sie keine Kindergartenkinder mehr waren! Danach beanspruchten sie mehr Platz zum Toben und zum Zurückziehen. Also kam der Turnraum dran, aus dem die Kinder Tische und Stühle verbannten (er wurde bis dahin gleichzeitig als Hausaufgabenraum genutzt). Aus alten Schränken bauten sie mit Hilfe des Hausmeisters Podeste, um einen mehrfach nutzbaren Raum zu haben.
Als Ort zum Zurückziehen entdeckten sie die Nische unter der Treppe.

In der Kinderkonferenz fand dazu folgendes Gespräch statt:
„Ich find das nicht gut, dass da Bälle und Spielsachen sind, da können wir uns gar nicht verstecken.“ (Stephan)
„Ich fände gut, wenn man die Sachen rausnimmt und Matten und Decken reinlegt.“ (Susann)
„Wir könnten mit Leuchtfarben so ’n Geist hin malen und dann, wie Lisa schon gesagt hat, eine Tür davor, damit es schön dunkel ist, und dann leuchtet das, und wir können uns fürchten, als wenn wir im Kino wären. – Und dann könnte man sich Kostüme nähen und überziehen und die Kleinen erschrecken, das macht höllischen Spaß.“ (Stefan)
Dazwischen entwarfen die Kinder Konzepte einer Geisterbahn, die die Dimension eines gesamten Hauses

Helft uns!

Haben sie nicht noch irgendwo noch eine alte Matratze oder ein paar Decken, kissen, Bücher? Wir wollen damit unter der Treppe eine Kuschelecke bauen. Wir brauchen deswegen die Decken, Kissen und die Matratzen, um das ganze auszupolstern. Die Bücher können ja dann die Kinder lesen, die dann da liegen.

Wenn Ihnen noch etwas einfällt danken wir Ihnen ganz herzlich dafür.

Wer uns Helfen möchten, kann das im Hort der 2. Klasse der Awo-Kita abgeben!

Vielen Dank!

Maura

Brief von Maura

füllte, sowie einen Tunnel, der direkt in den Hausaufgabenraum der Kleinen führte, um sie zu erschrecken. Es machte allen sichtlich Spaß zu fantasieren.
Eine Kollegin schrieb die Ideen mit den Kindern auf. Eine andere Kollegin, die Vertretung hatte, sah darin keinen Sinn und warf die Dokumentation weg. - So spielt das Leben!

In der zweiten Kinderkonferenz, nachdem die Ecke ausgeräumt worden war, die Hausmeister die Ecken abgepolstert und die Erzieherinnen Vorhänge davorgehängt hatten:
„Was sagt ihr nun zu der Ecke unter der Treppe?“ (Erzieherin)
„Gefällt mir erst mal nicht so. Da müsste noch ’ne Lampe rein, aber wie machen, damit sie nicht kaputtgeht?“ (Stefan)
„Also, da muss noch was Tolles rein zum Höhlenbauen, ein Brett meinetwegen, zum was Drüberlegen, und Wäscheklammern.“ (Thilo)
„Ich hab einen Zettel geschrieben. Da steht drauf „Helft uns“, und da können uns die Leute, die hier wohnen, was bringen für die Ecke.“ (Maura)

Solche Räume brauchen Hortkinder

Die Erzieherinnen wollten weiter genau wissen, welchen Raumbedarf die Kinder und Eltern haben. Sie fragten sie danach, welche Räume Hortkinder bräuchten, und baten sie, Empfehlungslisten aufzustellen. Damit haben sie eine interessante Debatte angezettelt. Die Ergebnisse der Umfrage stehen groß auf einer Wandzeitung und fordern Konsequenzen:

Empfehlungsliste der Kinder:

100% der 6- bis 12-jährigen wollen einen Diskoraum, der 1- bis 2-mal wöchentlich von 18.00 - 20.00 Uhr und freitags bis 21.00 Uhr geöffnet ist

- Diskoraum (100% der befragten Kinder)
mit Stereoanlage, bunten Lichtern, dunkel und mit einer Bar; 1- bis 2-mal die Woche von 18.00 - 20.00 und freitags bis 21.00 Uhr geöffnet
- Spiel- und Toberaum (89%)
mit Kletterleiter, Kriechtunnel, Seilen, Trampolin, Tischtennisplatte
- Werkstatt (67%)
zum Töpfern, für Holz- und kleinere Metallarbeiten
- Tierraum (56%)
mit der Möglichkeit, verschiedene Tiere zu pflegen und zu beobachten
- Computerraum (44%)
mit Schreibmaschine, Computer, Gameboy, Poster an den Wänden, Couch
- Schlafraum (44%)
mit Matten, Kuscheltieren, einem Radio. Er darf nur klein sein für wenige Kinder und nur für die, die wirklich ausruhen möchten.
- Esszimmer (33%)
gemeinsam für alle Hortkinder
- Musikzimmer (33%)
mit Radio, Schallplattenspieler, CD-Player, Instrumentenkoffer, Klavier und für den Chor geeignet
- Erzieherzimmer (33%)
hell soll es sein, mit Blumen und vielen Bildern (einem ganz großen, mit lachendem Kind), einer Couch und mit Getränken
- Frisierzimmer (22%)

mit Möglichkeiten zum Schminken, Verkleiden, Haare stylen

- Hausaufgabenzimmer (22%)
und „Schule-Spiel-Zimmer“
- Pflanzenraum (22%)
mit verschiedenen Pflanzen zum Experimentieren, Beobachten und Ausruhen, klein soll er sein
- Jungen-Mädchen-Raum (20%)
für Jungen: mit typischen Spielsachen wie z. B. Billard oder Tischtennis
für Mädchen: mit (Barbie-)Puppen, Würfelspielen, Malsachen, und ganz wichtig: die Schnatterecke mit Couch
- Sauna mit Tauchbecken (20%)
und Schwimmbecken wäre ganz toll
- Gästezimmer (11%)
zum Kaffeetrinken, Besucher empfangen, wo die Eltern gemütlich auf ihre Kinder warten können, Party-Gelegenheit für Eltern und Erzieher
- Kinderküche (11%),
um sich auch mal was für eine Party zubereiten zu können
- Dunkelkammer (10%)
zum Entwickeln und mit Fotoapparaten
- viele Verstecke (10%),
klein und dunkel sollen sie sein.

100% der Eltern der Schulkinder wollen einen Mehrzweckraum zum Abreagieren für ihre Kinder

Empfehlungsliste der Eltern:

- Mehrzweckraum (100%)
zum Abreagieren, mit Matten, Geräten und Boxsäcken, zum Feiern, für Veranstaltungen und Arbeitsgruppen
- Gruppenraum für jede Gruppe (80%) mit Spielen, Bastelmaterialien und Bausteinen, einer Kuschelecke zum Zurückziehen und Entspannen. Jede Gruppe braucht einen eigenen Gruppenraum zum gemeinsamen Mittagessen, um den Gruppencharakter zu erhalten, Absprachen zu treffen, um mit Eltern und Lehrern etwas zu unternehmen; damit jeder weiß, wo er hingehört und seine Sachen lassen kann.
- Waschraum (80%)
mit altersentsprechenden sanitären Anlagen und getrennten Toiletten
- Werk- und Bastelraum (65%)
- Kuschelecke (40%),
klein und dunkel, mit Matten und Decken
- Hausaufgabenzimmer (30%)
für die Kinder, die Schwierigkeiten haben und extra gefördert werden
- Cafeteria (20%)
für Eltern und Kinder
- Kinderküche (15%)

Konsequenzen

Man kann sich richtig vorstellen, wie Erzieherinnen, Kinder und Eltern am Tisch sitzen oder auf Matten lümmeln und über ihre unterschiedlichen Vorstellungen reden.
Interessant ist für die aktuelle Fachdebatte, dass nur wenige Kinder an einen Gruppenraum denken. Vielleicht weil sie davon ausgehen, dass es ihn sowieso gibt, oder weil er allmählich überflüssig wird, oder warum sonst? Es wäre interessant, das herauszufinden.
Die Eltern dagegen votieren, wie viele Erzieherinnen, für den Gruppenraum als kleines Heiligtum. Weil sie ihn selbst brauchen, um den Überblick zu behalten, oder weil sie wissen müssen, wo sie hingehören?

Oder sind sie einfach umsichtiger? Wenn man gewohnt ist, Dingen auf den Grund zu gehen, wie in dieser Einrichtung, dann hat man große Chancen herauszufinden, wer was warum wirklich braucht. Und man hat die Möglichkeit auszuprobieren, was passiert, wenn man den Gruppenraum auflöst. Fehlt dann den Kindern plötzlich etwas, oder merken die Erwachsenen, wie es anders gehen kann, oder kommt man noch auf einen neuen dritten Gedanken?

Ansonsten bestätigt die Empfehlungsliste der Kinder vieles, was in den Erkundungsstreifzügen in Erfahrung gebracht worden ist; u. a. die Bedeutung von Tieren. Und sie weist auf neue Bedürfnisse hin.
Viele Wünsche können in multifunktionalen Räumen verwirklicht werden. Sie benötigen keinen eigenen Raum. Es muss auch nichts in die Kita hereingeholt werden, wenn man es draußen haben oder benutzen kann (wie der Sauna-Besuch und der regelmäßige Aufenthalt im Schwimmbad).

Nicht alles braucht einen eigenen Raum. Und nicht alles muss in der Kita geschehen. Vielleicht liegt es vor der Haustür, und man muss es nur nutzen

Haben Sie sich schon eine Befragung in Ihrer Kita überlegt?

SCHREIBSTUBE

Die Hortkinder in Berlin-Hohenschönhausen haben sich ihren Wunsch erfüllt: Für das Geld, das sie beim 10-jährigen Jubiläum ihrer Kita eingenommen haben, kauften sie sich einen gebrauchten Computer. Darauf wird die regelmäßig erscheinende Hortzeitung produziert. Die Hochebene wurde umfunktioniert und vermittelt jetzt den Eindruck einer Redakteursstube, wie man sie aus alten Hollywood-Filmen kennt.

tRÄUMEN – mit Kitakindern

Die Kinder beginnen zu planen: „Lass uns mal, wir überlegen noch."

- Streit unter den Kindern, weil der eben aufgebaute Bauernhof in Trümmern liegt: „Es ist einfach zu eng hier."
- Alles was von den Kindern gebaut wird, muss täglich aufgeräumt werden, weil Platz zum Schlafen gebraucht wird.
- Jan zieht in eine neue Wohnung und erzählt begeistert vom eigenen Zimmer mit Hochbett.
- Wie viele auf einem Hochbett schlafen können und wo die anderen Kinder liegen könnten, ist Gesprächsstoff dieser Tage: „Frau Günther, hör uns mal nicht zu, lass dich überraschen."
- Tische und Schränke werden gerückt, um mehr Platz zum Spielen zu bekommen.
- Eine Mutter fragt nach, ob es stimmt, dass wir den Gruppenraum umräumen, Tanja hatte zu Hause vom Hochbett erzählt.

Der Gedanke, den Gruppenraum zu ändern, festigt sich immer mehr in der Kindergartengruppe der Kita in Kühlungsborn.

Ideenkonferenz:

Die Erzieherin bringt einen Katalog mit, in dem Doppelbetten abgebildet sind. Alle reden durcheinander. „Ja, so ein Bett wollen wir." Hendrik, der Experte, klärt auf, dass ein Hochbett besser ist, weil darunter Platz zum Spielen sein muss. (Er hat vor kurzem ein solches Bett bekommen.) Im Laufe der Konferenz kristallisiert sich heraus:

- Die Gruppe will ein Hochbett.
- Die Kinder wollen in Zukunft dort oben, auf Matratzen und auf der Couch schlafen.
- Der Raum soll so umgestaltet werden, dass mehr Platz zum Spielen bleibt.

Elternnachmittag

Ein Elternnachmittag wird vorbereitet, die Kinder diktieren die Einladung.

Besuch eines Planungsbüros

Hendriks Mutter arbeitet in einem Planungsbüro und will helfen, das Hochbett fachfrauisch zu entwerfen. Die Kindergruppe macht sich auf den Weg ins Büro. Frau Degemar setzt sich an ihren großen Arbeitstisch und fertigt nach den Wünschen der Kinder eine Zeichnung an. Mehr noch, sie plant mit den Kindern die Veränderung des gesamten Raumes. Auf dem Computer entsteht eine maßstabsgetreue Skizze, die vergrößert wird und später als Planungsgrundlage dient.

Kontakt mit den Handwerkern

Das Zimmer soll neu tapeziert und die Beleuchtung geändert werden. Carolas Vater ist Maler, er lädt die Gruppe in seine Firma ein. Schon auf dem Weg dorthin kreisen die Gespräche ums Thema.
Am Ziel angekommen, erwartet die Kinder ein schön gedeckter Tisch mit Saft und Keksen. Carolas Vater zeigt das Materiallager, und im Laufe des Gespräches kommt er auf eine Idee: „Wisst ihr was, wir gehen in ein Haus, da könnt ihr die Maler bei der Arbeit sehen." Gesagt, getan: „Ist das Pudding in dem Eimer?" „Nein, Tapetenleim natürlich!" „Wollt ihr mal die Tapeten einleimen?" Die Erzieherin sieht schon alle im Leimtopf. Die Tapeten ankleben durften die Kinder nicht, das mussten die Fachleute selbst machen. Aber dadurch entsteht bei der Erzieherin die Idee, das alte Puppenhaus aufzufrischen. Das können die Kinder dann selbst tapezieren.

Farbwahl

Carola bringt von ihrem Vater einen Farbkatalog mit. Alle betrachten ihn,

Die Einladung zum Elternnachmittag ist von den Kindern diktiert

Sehr geehrte Eltern, diesen Brief haben die Kinder der Gruppe 4 an Sie diktiert. Ich lade Sie damit herzlich zu unserem nächsten Elternnachmittag am … ein:

Ihre Erika Günther

Liebe Mutti, lieber Vati,

wir haben große Wünsche. Jeden Tag gehen wir in den Kindergarten. Es ist schön hier, aber einen Traum haben wir: Wenn wir spielen, haben wir oft keinen Platz, und wir wollen auch mal gerne selber bauen, hämmern und sägen. Wir haben mit Frau Günther gesprochen. Ein Hochbett ist unser Wunsch. Da könnten wir oben spielen und darunter auch. Unsere Schränke müssen auch anders stehen, denn Frau Günther sieht uns ja immer. Manchmal haben wir aber was Geheimes zu besprechen. Einen neuen Teppich bräuchten wir auch – obwohl wir finden es ja gut, dass wir unter den alten alles drunter schieben können, aber Frau Günther nicht.
Helft Ihr uns?

Die Kinder der Gruppe 4

Das Puppenhaus muss jetzt selbstverständlich von den Kindern tapeziert werden

Kontakt mit Expertinnen und Experten

benennen die Farben und staunen, wie viele Farbabstufungen es gibt. Jedes Kind will eine andere Farbe. Die Erzieherin entschließt sich, den Katalog auf dem Tisch auszubreiten und jedes Kind einen Punkt unter seine Wunschfarbe legen zu lassen. Um die gegenseitige Beeinflussung gering zu halten, gehen die Kinder einzeln „zur Wahl". Mit zwei Stimmen Vorsprung siegt Grün. Es ist erstaunlich, wie gut die Kinder die Abstimmung annehmen.

Carola: „Welches Grün nehmen wir nun, hell oder dunkel?" Die grüne Farbpalette war sehr groß. Das Ergebnis: Acht sind für ein dunkles und acht für ein helles Grün. Die Erzieherin macht den weisen Vorschlag, die Wände hell und die Fenster- und Türseiten dunkel zu streichen. Alle sind zufrieden.

Modell des neuen Raumes

Auf eine Holzplatte wird die Computerskizze des neuen Raumes geklebt. Die Erzieherin zeigt, dass dieses lange Stück (10 cm) auf der Platte nur so kurz (1 cm) ist. Sie erklärt, dass die Möbel auch entsprechend kleiner sein müssen. Sie malt die Möbel, die nach Meinung der Kinder auch in Zukunft Platz finden sollen, maßstabsgetreu auf. Die Kinder schneiden sie aus und basteln die Teile zusammen. Bis der Gruppenraum fertig ist, vergehen zwei Wochen. Die Kinder bleiben mit Feuereifer dabei. Sie können sich lange nicht vorstellen, was jetzt entsteht, aber ihre Neugierde hält sie bei der Stange. Als das Modell fertig ist, spielen sie mit ihrer „Puppenplatte". Möbel werden hin und her geschoben: „Frau Günther, wie gefällt's dir so?" Irgendwann bleibt es bei einer bestimmten Raumaufteilung, das war dann die endgültige Entscheidung. Die Kinder sind sich sicher. Gemeinsam wird vorsichtshalber nachgemessen, ob wirklich alles so unterkommen kann. Als dann der Vorschlag den Eltern unterbreitet wird, sind die Kinder sehr stolz. Und was blieb den Müttern und Vätern anderes übrig, als zuzustimmen, bei so viel qualifizierter Vorarbeit und überzeugender Darstellung.

Besuch des Bürgermeisters

Weil die Renovierung des Gruppenraumes fast gänzlich mit Eltern- und Sponsorenhilfe gelang, unter tatkräftiger Beteiligung der Kinder, versteht sich, können an die Stadtverwaltung andere Bitten herangetragen werden. Auf Anregung der Erzieherinnen diktieren die Kinder wieder einen Brief mit ihren Wünschen, in Mark und Pfennig ausgerechnet, und laden den Bürgermeister ein. Er kommt tatsächlich. Die Strategie, den Träger in das Alltagsgeschehen einzubeziehen, geht auf.

Die Einweihungsfeier

Am ersten Tag im neuen Gruppenraum war es mucksmäuschenstill. „Die Kinder redeten kaum. Es war, als hörte man nur ihren Atem", berichtet die Erzieherin. Sie lässt mit den Kindern Revue passieren, wer alles bei der Ausgestaltung des Raumes geholfen hat, und endet damit, dass man sich eigentlich bei ihnen bedanken müsste. „Wie könnten wir das tun?"
Tanja: „Wir singen denen ein Lied."
Das finden alle gut. Der Text von „Wer will fleißige Handwerker sehn" wird auf alle Helfer umgedichtet, jedes Kind bekommt eine Strophe und übt zu Hause. Einige Tage später werden die selbst gefertigten Einladungskarten verschickt. Urkunden werden gebastelt, eine Fototafel, die über die Arbeiten informiert, zusammengestellt, und zuletzt wird Kuchen gebacken. Weil überall die Kinder maßgeblich beteiligt sind, dauert alles seine Zeit, aber die ist ja vorhanden.
Nun ist es so weit. Die Kinder sind sehr aufgeregt, die Erzieherin zeigt Verständnis: „Wisst ihr, ich habe mindestens genauso viel Angst wie ihr." Sie eröffnet den kleinen Empfang, die Kinder singen und überreichen die Urkunden.
„Wir bekamen zahlreiche Blumen und Geschenke für die Gruppe. Aber die Worte, die die Gäste an uns richteten, waren es, die mich berührten. Es war ein besonderer Tag", resümiert die Erzieherin.

Jetzt sind Zweijährige neu in der Gruppe. Die Kinder sind der Meinung, dass sich einiges verändern muss!

In ihrer Reflexion schreibt sie: „Das Projekt Raumgestaltung war ein umfangreiches und inhaltsreiches Projekt. Die Kinder erwarben sowohl persönliche Fähigkeiten als auch Kenntnisse und Fertigkeiten. Das Spiel ist ruhiger geworden, die Kinder halten sich mehr in kleineren Gruppen auf, und sie gehen sorgsamer mit den Spielsachen um.
Seit kurzem sind Zweijährige in der Gruppe. Die Älteren sind jetzt der Meinung, dass diese auch ihre zweite Ebene brauchen, aber ‚die darf nicht so hoch sein'

Erinnerung an die Schulkinder

Auf der Abschiedsfeier festlich enthüllt und von Kindern und Eltern heftig bestaunt

Wir gehen in die Schule, und was bleibt von uns?
Erzieherinnen überlegen mit den zukünftigen Schulkindern, welche Erinnerung sie den Kitakindern hinterlassen wollen. Irgendwann ergibt ein Gedanke den anderen und es entsteht ein buntes Fantasiegebilde: „Eine Wand, hinter der man sich verstecken kann.“ „Da braucht man was zum Durchgucken.“ „Federn zum Anfassen, Glöckchen zum Klingeln, ein Spiegel und Muscheln und Steine sollen dran sein.“ „Eine Flüstertüte und ein Geheimfach gehören dazu!“ Erste Skizzen entstehen. Sie werden einem Künstler vorgelegt. Reiner Meister-Gerstenberg arbeitet bei dem

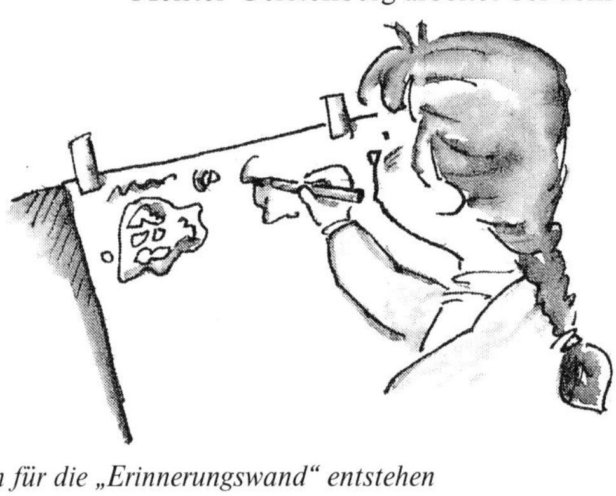

Erste Skizzen für die „Erinnerungswand“ entstehen

Bürgerverein des Stadtteils und beschäftigt sich mit „Kunst am Bau“. Sein Schwerpunkt ist die Gestaltung von Kindertagesstätten. Er ist in der Kita in Berlin-Hohenschönhausen ein gern gesehener Experte, der bei vielen Veränderungsaktionen mit Rat und Tat zur Seite steht.

Der Künstler setzt die Ideen der Kinder um

Auf der Basis der Entwürfe der Kinder konstruiert er ein Metallgestell mit Eisendraht vom Schrottplatz. Ein Schlosser schweißt alles zusammen und platziert das Gerüst auf Rollen von ausrangierten Einkaufswagen.

Das Metallgestell auf Rädern ausrangierter Einkaufswagen wird mit Pappmaché verkleidet

Selbstverständlich sind die Kinder überall mit von der Partie. Das Skelett bekommt Fleisch aus Pappmaché, wird bemalt, mit vielen bunten Utensilien behängt und bekommt selbstverständlich sein Geheimfach. Es wird ein aufwendiges Unterfangen, das die anfängliche Begeisterung der kleinen Handwerker fast überstrapaziert, weswegen die Hortkinder zu Hilfe gerufen werden. Gönnerhaft tragen sie das Ihre dazu bei, damit die zukünftigen „Horties“ ihr Abschiedsgeschenk vollenden können

Die Erinnerungswand wird fantasievoll bemalt

Fertig ist das Andenken an die ehemaligen Kindergartenkinder

Material zum Forschen und Experimentieren

Mädchen und Jungen entdecken die Welt und die Erzieherinnen eigene Fähigkeiten

Nirgendwo steht geschrieben, dass Kinder gelangweilt und unterfordert werden müssen. Trotzdem ist es oft die Regel in Einrichtungen für Kinder. In den Schilderungen über die „auffälligen fünfjährigen Jungen“ wird es augenfällig: Bei näherem Hinsehen reagieren diese oft auf chronische Unterforderung. Mädchen können sich offensichtlich besser, zumindest ruhiger, selbst beschäftigen. Sie haben bereits gelernt, genügsamer zu sein, ihre Unterforderung stört weniger. Was beide brauchen, sind Materialien, mit deren Hilfe sie ihren Wissensdurst stillen können.

Hier eine Anregungsliste für Material und Ideen zum Entdecken und Begreifen der Welt:

Sie haben die Wahl!

- Sich betrachten und erkennen:
Spiegel verschiedener Art, Klapp-, Hand- oder Zerrspiegel, Spiegelhaus oder Trennwände mit Spiegelfolie …

Flaschenzug. Bauanleitung in: Grewenig 1995

- Dinge unter die Lupe nehmen:
Lupe, Mikroskop, Taschenlampe, Fernglas, Fernrohr, Monatsprogramm der Sternwarte …
- Messen:
Waagen (alte und moderne), Wassertisch mit unterschiedlichen Gefäßen zum Vergleichen, Zollstock, Uhren (Wand-, Taschen-, Sand-, Sonnenuhr) …
- Hören:
Stethoskop, Trichter mit Schlauch, Kassettenrekorder und leere Kassetten zum Aufnehmen von Geräuschen, Musikinstrumente …
- Kommunizieren:
Schlauch-Telefon, Diktiergerät (für das Aufnehmen wichtiger Gespräche und für die regelmäßige Sendung im Lokalradio), Schreibmaschinen (für die eigene Seite in der Tageszeitung), Computer (in Kooperation mit dem Freizeitheim und gesponsert vom örtlichen Computerladen) …
- Standort bestimmen und Reisen:
Stadtplan, Kinderreiseführer durch den Stadtteil (selbst gemacht), Landkarte, Globus, Atlas …
- Anderen Interessantes zeigen:
Entdeckertisch für alles, was man Interessantes gefunden hat, Hosentaschenmuseum, Fotoapparat …
- Experimentieren wie da Vinci:
Handwerkszeug aller Art; konkret für einen Flaschenzug, einen Hammer, fünf dicke Nägel, fünf leere Nähgarnrollen, einen Meter dicke Schnur und eine Holzplatte, 10 cm x 30 cm.

Platz da, besonders für die Kleinsten!

Vorher

Kinder unter zwei, drei Jahren brauchen besonders viel Platz. Bekanntlich rutschen, krabbeln, wackeln sie am Boden hin und her, ziehen sich an allem, was senkrecht ist, in die Höhe, leeren bevorzugt unbewachte Kostbarkeiten aus, rutschen juchzend auf allem, was schräg ist, hinunter und versetzen Erwachsene vor Treppen und geöffneten Fenstern in Angst und Schrecken. Geeignete Räume schonen die Nerven der Erzieherinnen und erhöhen den Genuss der Krabbler.

Wie sich eine Krippe im Norden Deutschlands zu ihrem Vorteil veränderte, lesen Sie auf diesen Seiten.

Die Kleinsten verbessern sich

Platz für Bewegung: deshalb raus mit hinderlichen Tischen und Stühlen

Eine Erzieherin aus der Modellkita in Kühlungsborn schreibt: „Die derzeitige Raumsituation machte Kinder, Eltern und Erzieher unzufrieden: Die Garderobe befindet sich auf dem Flur im engen Durchgangsbereich. Kinder und Eltern anderer Gruppen sowie Publikumsverkehr auf dem Weg zum Büro müssen sich an uns vorbeizwängen. Beim An- und Ausziehen sitzen die Kleinen auf der Bank, die Erzieherinnen oder Eltern hocken davor und müssen immer wieder aufstehen, um andere vorbeizulassen. Insbesondere wenn die ganze Gruppe rausgehen will und alle angezogen werden müssen, entstehen regelmäßig nervende Situationen. Die Kinder nutzen diese Gelegenheiten, um hinter einer der vier offen stehenden Türen zu ver-

Nachher

schwinden. Hektisch läuft eine Erzieherin hinterher. Ein Kind rührt mittlerweile in der Toilette, eines dreht den Wasserhahn auf, eins ist im Büro und leert den Postkorb aus und eines wirft gerade den Turm der Großen um …

Nicht nur da kommt einem der Gedanke, dass 15 Kinder von vier Monaten bis drei Jahren in einer Gruppe nicht die glücklichste Konstellation sind.

Aber es geht noch weiter: nach unten. Die Räume der Kleinsten befinden sich nämlich im oberen Stockwerk. Warten ist angesagt, weil die wenigsten die Treppen alleine überwinden können. Die besondere Sorge gilt den zwei Babys. Wenn sie in ihrem Wagen auf dem Hof stehen und schlafen, 35 Stufen vom Gruppenraum entfernt, schauen zwar auch Kolleginnen nach ihnen, aber die zuständigen Erzieherinnen sind eigentlich nie richtig ruhig und rasen des Öfteren runter, um nachzusehen, ob alles okay ist.

Das Kinderschlafzimmer zur viel befahrenen Straße und mit der Telefonglocke darin ist auch nicht besonders günstig. Nur am Gruppenraum gibt es im Prinzip nichts auszusetzen.

Die jüngsten Kinder müssen in die untere Etage, das war doch sonnenklar und deswegen auch Ergebnis der Abstimmung im Team!

Auf einem maßstabsgetreuen Raummodell rücken die Eltern die Möbel hin und her und kommen unter anderem auf die Idee, die Garderobe in den Gruppenraum zu integrieren, was sich später sehr bewährt. Wesentliches Anliegen der Erzieherinnen ist es, die Kinder gut auf die anstehende Veränderung vorzubereiten. Sie schauen sich täglich die neuen Räume an, durchstreifen sie, zeigen sie im Beisein der Kinder den Eltern, tasten die Wände ab und beobachten mit der Kindergruppe zusammen die Malerarbeiten.

Ein Umzug mit der Krippengruppe. – „Da, da, da!", Anna findet ihr Lieblingsspielzeug wieder

Die Spielsachen werden gemeinsam mit den Kindern eingepackt. Am Wochenende schleppen Väter die Möbel und Kisten, und irgendwann sitzen die beiden Kolleginnen erschöpft auf dem Boden und sind sich gar nicht mehr so sicher, ob sie sich wirklich verbessern werden. Alles sieht so fremd aus.

Erst als das Spielzeug ausgepackt ist, geht es ihnen etwas besser, und sie sind gespannt auf den Montag.

„Da, da, da", Alexandra hat ihren Bären entdeckt, „Puppe", freut sich Victor, und Anna drückt das Telefon an die Brust und piepst „Anna", was so viel heißt wie „meins".

Nach dem Auspacken der restlichen Kartons spielen die Kinder damit, steigen ein, kriechen durch, fallen damit um, bis diese völlig kaputt sind. Da fällt den Erzieherinnen auf, dass nichts zum Rein- und Rauskriechen, zum Verstecken, in der Gruppe ist.
Der Anfang des neuen Spielhauses ist gelegt. Mit Hilfe von Eltern wird ein Plan gezeichnet. Das Haus wird aufgebaut, die Jüngsten haben Angst vor den Handwerkern und ihrem Krach. Zum Schluss stibitzen sie ihnen allerdings ihr Handwerkszeug und freuen sich über die empörten Gesichter.
Die Kinderwagen sind vor dem Fenster auf dem Balkon platziert, Erzieherinnen wie Eltern sind beruhigter.
Und was kommt zum Schluss? Die Tür zur Nachbargruppe ist geöffnet. Philipp, Victor und Melanie haben schon die ersten Erfahrungen mit der Werkbank der Großen hinter sich.
Die älteren Kinder sind öfters zu Besuch, spielen mit den Kleinen, singen ihnen etwas vor, rutschen oder sind die „Bestimmer" im Spielhaus. Die Öffnung der Gruppen beginnt.

Entschieden verbessert hat sich der Elternkontakt. Die gemeinsame Planung und Gestaltung der Räume war ein Grund, ein anderer die neue Garderobe: Da sie sich im Gruppenraum befindet, lediglich durch halbhohe Schränke abgetrennt, kann man sich gegenseitig sehen. Dies hat zum einen zur Folge, dass Eltern und Erzieherinnen sich in Situationen mit Kindern erleben und darüber reden können. Zum anderen trennen sich die Kinder leichter von den Eltern, weil sie bereits während des Ausziehens die anderen Kinder sehen und zu ihnen wollen.
Das Sofa im Zimmer wird gerne genutzt, Mütter verweilen nach dem Bringen dort kurz oder beobachten ihre Kinder, wenn sie sie abholen.

Ein Kinderbett bei dem man aus dem Staunen nicht herauskommt

Ein Kinderbett, bei dem man aus dem Staunen nicht mehr herauskommt: Podeste, mit weichem Teppichboden überzogen; wolkige Wände, mit Fenstern aus Plexiglas, zwischen deren Scheiben sich allerlei Buntes findet. Es eignet sich vorzüglich als geschützter Spielort und als heimeliger Schlafplatz.

Die Schmuckfenster sind einfach zu machen: In die Holzwand wird eine Öffnung in gewünschter Größe gesägt. Von beiden Seiten wird dünnes Plexiglas aufgelegt und mit einem fantasievoll zugeschnittenen Holzrahmen aufgeschraubt. Je nachdem wie dick die Holzwand ist, können die unterschiedlichsten Dinge dazwischen gelegt werden: selbst gefärbtes Papier, Scherenschnitte, kleine Perlenfäden oder Muscheln.

Übrigens, in dieser Kita in Berlin-Hohenschönhausen finden sich solche Guckfenster auch an der Tür zum Leiterinnenzimmer: Die Kleinsten sollen schon bei der Anmeldung erfahren, dass sie hier die Hauptpersonen sind.

Entrümpeln

In Kitas scheint das Motto zu gelten: Viel ist gut

„Mich erdrückt in den Räumen das schöne ‚Zuviel'." Dieser Eindruck von Besuchern einer Modellkita gilt für viele Kindereinrichtungen. Gleichzeitig ist der „spielzeugfreie Kindergarten" der Gesprächsrenner, wenn sich Fachleute begegnen (vgl. Schubert/Strick 1995). „Wie Sie Ballast abwerfen und Stress vermeiden können", betitelte „Psychologie heute" schon 1995 dieses Zeitgeistthema. Reizüberflutung, Konsumterror, Wegwerfgesellschaft, Zerstörung von Umweltressourcen … Unser Gehirn beliefert die Situationsanalyse blitzschnell mit drastischen Problembeschreibungen, die in erster Linie für Erwachsene gelten, aber schon längst auf Kinder übergegriffen haben. Die intellektuelle oder genussvolle Askese wird in der pädagogischen Fachliteratur als erstrebenswerte Alternative an die Wand gemalt. Und die psychologische Debatte bereichert uns mit der Frage, warum es so schwer ist, das umzusetzen, was alle als sinnvoll erkannt haben.

So stellt sich die Ausgangssituation dar, wenn eine Erzieherin sich aufmachen will, ihren Alltag zu entrümpeln.
Von zwei Möglichkeiten pädagogischer Konsequenzen ist hier die Rede und eine dritte oder vierte fällt Ihnen sicher selbst ein.

Variante eins: Alles Überflüssige raus!

Befragen Sie Kinder, Eltern, Kolleginnen und sich selbst,
- was sie als überflüssig erachten und
- was als unentbehrlich gewertet wird.

Was, glauben Sie, antworten Ihre Kinder auf folgende Frage:
- Ich finde, es steht viel zu viel im Zimmer herum. Ich möchte ausprobieren, ob wir mit weniger auskommen können. Was könnten wir eine Zeit lang in Kisten packen und in der Abstellkammer aufbewahren?
Oder: Womit hast du schon lange nicht mehr gespielt? Können wir das wegräumen, um es erst dann wieder zu holen, wenn du es unbedingt brauchst?
- Was darf auf keinen Fall weggeräumt werden? Was würdest du sehr vermissen?

Für ein Elterngespräch könnte folgende Einladung das Ansinnen verdeutlichen:

Ein Brief an die Eltern erklärt den Sinn des Entrümpelns und erbittet Mitmachen

Liebe Eltern,

was denken Sie, wenn Sie in das Kinderzimmer Ihrer Tochter oder Ihres Sohnes sehen? Vielleicht geht es Ihnen ähnlich wie uns in der Kita: Überall hängt, steht, liegt etwas herum. Spielzeugkisten türmen sich, Puppen teilen sich zu mehreren das Bettchen, Autos quellen aus der Schublade.
Keine Sorge, wir wollen nicht alles wegwerfen, schließlich wollen wir es nicht mit Ihren Kindern verderben. Aber wir wollen gemeinsam mit Ihnen und den Kindern überlegen, wovon wir uns trennen könnten, was aufbewahrt werden soll für Zeiten, wo es unbedingt wieder gebraucht wird und was so überflüssig ist, dass es weggegeben werden kann.
Erfahrungen in anderen Kitas zeigen, dass die Chance besteht, dass weniger Spielmaterial intensiver genutzt wird, die Kinder Rollenspiele neu entdecken, der Gemeinschaftssinn wieder in den Mittelpunkt rückt und mit dem vorhandenen Material sorgsamer umgegangen wird. Uns interessiert, was Sie von diesem Vorhaben halten, und wir bitten Sie zu überlegen, welches Spielmaterial, welche Möbel oder sonstigen Gegenstände in unserer Kita Ihres Erachtens überflüssig sind.
Bitte werfen Sie den Fragebogen bis zum … in den Elternbriefkasten. Die Auswertung erfolgt in der nächsten Gesprächsrunde am ….. um ….. Uhr.
Wir sind neugierig auf das Ergebnis, darauf, wie wir uns einigen werden und welche Erfahrungen uns bevorstehen.

Ihre

….

Folgende drei Gegenstände/Möbel/Spielsachen sind u. E. im Gruppenraum entbehrlich:
1.
2.
3.
Diese drei Gegenstände/Möbel/Spielsachen sollten u. E. auf jeden Fall bleiben:
1.
2.
3.

Name: …………

Ein Beispiel aus Heidenau in Sachsen:

Was Kinder und Erwachsene für überflüssig und unentbehrlich halten, muss nicht übereinstimmen

Was Kinder als überflüssig und entbehrlich erachten:

Überflüssig: den Traktor in der Bauecke / das Plastespiel zum Stecken / die Plasteautos / das Riesenpuzzle / einige Bücher / einige Puzzlespiele / das Motorrad von Benjamin / einige Autos in der Bauecke / der kleine Küchenofen / einige Kuscheltiere / Puppen (nur einige für die Kleinen sollen bleiben).

Begründung: „Dann haben wir weniger zum Aufräumen."

Unentbehrlich,	**weil:**
• Bautruhe mit Tieren	Bauwerke mit Drumherum sein müssen,
• Arzt- und Frisörutensilien	die Kleinen damit so gern spielen,
• Lego	man bauen kann,
• Maus- und Schiffspiel	das interessante Spiele sind, wo die Erzieher auch mal verlieren,
• Puzzlespiele	es das Lieblingsspiel ist,
• Kissen	Kuscheln sein muss,
• Werkzeug	man Spielsachen selber bauen kann,
• Bastelmaterial	gerne gebastelt wird.

Was Erzieherinnen als überflüssig und entbehrlich erachten:

Auf einer Teamsitzung haben die Erzieherinnen die Fragen aus ihrer Sicht beantwortet. Das war ihr Ergebnis:

Überflüssig: einige Autos / einige Puzzlespiele / einige Bücher / einige Kuscheltiere / einige Kartenspiele

Begründung: weil viel ungenutztes Spielzeug dabei ist.

Unentbehrlich,	**weil:**
• Bautruhen mit Zusatzmaterial • verschiedene Gesellschaftsspiele • Malzeug • Bastel- und Naturmaterial • Werkzeuge	diese Sachen zum Denken anregen und kreatives Gestalten ermöglichen.

Auswertung der Befragung

In der Auswertung einer solchen Befragung ist interessant,

- was Mädchen und
- was Jungen wählen,
- wie die Kindergruppe mit unterschiedlichen Vorstellungen umgeht,
- wie Erwachsene und Kinder sich einigen,
- was man mit Überflüssigem macht, (aufheben – für alle Fälle, verschenken, beim Flohmarkt verkaufen, wegwerfen oder?).

Darauf kommt es an:

Die „Erfinder“ des spielzeugfreien Kindergartens, im Rahmen eines Projektes zur Suchtvorbeugung übrigens, weisen auf die grundlegende Haltung zum Kind hin, die Gewähr dafür bietet, dass kein Disziplinierungsakt aus dieser Selbsterfahrungsmöglichkeit wird:
„Vorteilhaft ist für die Erzieherinnen, die mit diesem Projekt arbeiten, dass sie … mit dem Situationsansatz vertraut sind. Dieser erleichtert den Umgang mit der ‚spielzeugfreien Zeit‘, in der primär die Situation vom Kind bestimmt und gespielt wird. Dies bedeutet für die Erzieherinnen, dass neben dem zu beobachtenden individuellen Verhalten und Entwicklungsstand, der Äußerung der Wünsche und den Handlungen auch die – inneren – Motivationen, Gefühle und Gedanken erkundet und reflektiert werden müssen. Dabei können Fragen entstehen wie:
Was will das Kind mit seinem Verhalten ausdrücken?
Welche psychischen Mechanismen bedingen dieses Verhalten? …
Ermöglichen sie es dem Kind, seine Ziele zu erreichen?
Wenn nein, welche Verhaltensalternativen hat das Kind?
Wie kann ich sie unterstützen und unter Umständen herausarbeiten.
Zur Beantwortung ist eine gewisse Distanz, verbunden mit Zuversicht in das Kind notwendig, ein vertrauensvolles Zugehen auf das Kind, um ihm die es ganz persönlich betreffende unterstützende Hilfe beim ‚Sich-Selbst-Finden‘ zu bieten.“ (Schubert/Strick 1995, S. 19 f.)

Die Kinder bestimmen, was geschieht

„Aufräumen verboten!" „Hier stört uns keiner!" „Hier machen wir, was wir wollen!"

Variante zwei: Ein leerer Raum – Ein Experiment

Nicht gleich die ganze Kita sollte es sein: Mit einem Raum wollte eine Erzieherin in Lychen im Land Brandenburg anfangen. Und siehe da, ein kaum genutzter Raum ließ sich finden. Dieser wurde (fast) leer geräumt. Drinnen blieben: eine Truhe und ein alter Tisch, Decken und Gardinen. Hinzu kamen: Seile, Wäscheklammern, große und kleine Kartons und leere Kisten. Das war alles.

So wurde der Raum mit dem Motto „Mach was draus" an die Kinder übergeben. Ein Kind verschwand augenblicklich in der Truhe „Das ist mein U-Boot", ein Karton wurde zum Hexenhaus, ein weiterer zum Auto. Oben auf der Kletterburg „ist man der Größte". Leinen wurden gespannt und mit Stoffen Höhlen gebaut. Mittlerweile ist es der Lieblingsraum der Kinder:
„Der Raum ist toll!" „Hier darf man machen, was uns gefällt!" „Hier stört uns keiner!" „Hier ist Aufräumen verboten!" „Das ist unser Rumpel-Pumpel-Raum!"

Mit diesen Kommentaren sind die Kinder der Theorie voraus: Der Gewinn in dieser Art von Bescheidung entfaltet sich vor allem dann, wenn zwei Faktoren vorhanden sind. Mehr Spielraum im doppelten Sinne muss gewährleistet sein: Bewegungs- und Entscheidungsfreiheit sowie frei verfügbare, ungestörte Zeit.

Die Eltern reagierten unterschiedlich: Ein Teil fand die Idee gut und meinte, dass es auch gut für die Kinder sei, vor allem, weil man das zu Hause nicht anbieten kann.
Ein anderer Teil äußerte sich zurückhaltend: „Wozu soll das gut sein?" „Der Raum sieht ja schlimm aus!" „Die Kinder lernen so nie Ordnung halten."
„Mit solchen Eltern zu arbeiten ist schwer, aber nicht unmöglich. Die Kinder lieben diesen Raum, und das sollte Grund genug sein, ihn zu behalten." So das Resümee der Erzieherinnen.

Die Kita öffnet sich für behinderte Kinder

Wenn Eltern für ihr behindertes Kind einen Kitaplatz suchen, ist auch die räumliche Ausstrahlung ein nicht zu unterschätzendes Entscheidungskriterium. Eine Leiterin erlebte, wie es zum Beispiel für die anmeldenden Eltern wichtig war, dass die Räume keinem Krankenzimmer glichen. Ihre Kita „Olga Benario“ in Templin bewarb sich vor einiger Zeit um den Status einer Integrationseinrichtung, da es im gesamten Umkreis bislang noch keine gab. Es sollten Kinder mit verschiedenen Behinderungen aufgenommen werden. Das Erzieherkollektiv, das sich für diese neue Aufgabe qualifiziert hatte, analysierte die Räume unter den Gesichtspunkten der besonderen Bedürfnisse behinderter Kinder. Wichtig war ihnen, alle Räume so zu gestalten, dass behinderte und nichtbehinderte Kinder sich überall aufhalten konnten.

Mit Hilfe des Trägers, der Eltern und örtlicher Betriebe wurden u. a. folgende räumlichen Veränderungen vorgenommen:

- Die Erzieherinnen entwarfen zweite Ebenen und Podeste, die von Kindern erklommen werden können, die nicht laufen können.
- Türen wurden entfernt, um mehr Bewegungsraum zu gewinnen.
- Es wurde mehr Material bereitgestellt, das alle Sinne anspricht.
- Spielmaterial speziell für Kinder mit bestimmten Behinderungen wurde angeschafft, mit dem auch alle anderen spielen.
- Es gibt zusätzliche Räume für individuelle Interessen.
- In einem Nebenraum wurde eine Naturecke so eingerichtet, dass sie für alle Kinder zugänglich ist. Zum Beispiel gibt es eine große, in Holz gefasste Lupe, mit der auch bewegungsgestörte Kinder Pflanzen beobachten können.

Zur Zeit wird ein Sandkasten gebaut, in dem Kinder im Rollstuhl spielen können, und ein Hochbeet angelegt, damit sie ohne weiteres daran schnuppern und sich an der Pflege der Pflanzen beteiligen können.

In einer anderen Kita zog eine Gruppe vom ersten Stock in das Erdgeschoss, weil sie ein stark sehbehindertes Mädchen aufnahm. Taktile Leitsysteme dienen allen Kindern als Taststrecke für die Hände. Im Gruppenraum darf etwas weniger umgeräumt werden, daran haben sich mittlerweile alle gewöhnt. Der Grund ist einleuchtend

„Es gibt keine Norm für das Menschsein. Es ist normal, verschieden zu sein.“ (Richard von Weizsäcker)
Das Motto der Kita „Olga Benario“ in Templin

Völlig unerwartet: Afrikanisches Flair in der Krötenwiese

Afrika wird auf dem Globus gesucht, und Malte, zweidreiviertel Jahre, will wissen, ob es dort auch Nebel gibt

Eigentlich wollten die Erzieherinnen des Kinderladens „Krötenwiese" in Rostock nur Gardinen kaufen. An multikulturelle Erziehung hatten sie nicht gedacht. Ihr ganzes Bestreben war darauf gerichtet, den Raum der Kleinsten wohnlich einzurichten.
Ein Anruf der Kollegin: „Ich habe eine lila Gardine mit Dschungelmotiven gefunden, passt gut zu unserer Auslegware. Soll ich sie kaufen?", hatte unvorhergesehene Folgen. Die Kinder entdeckten Löwen, Giraffen, Dschungelpflanzen und dunkelhäutige Menschen darauf. Von da an begann eine aufregende Reise in der Fantasie der Kinder, auf die sich die Erzieherinnen einließen. Bald meldeten sich erste Zweifel. Alles war so ungeplant, und eigentlich waren sie vollauf mit dem Einrichten des neuen Hauses beschäftigt:
„Haben wir uns zu viel vorgenommen, so kurz nach dem Umzug?"
„Was wollen wir eigentlich, wenn wir uns mit den Kindern auf diese Reise in ein fremdes Land einlassen?"
Jetzt war die offene Planung hilfreich. Vorhaben und Ziele entwickelten sich beim Tun. Zunächst wurde gebastelt. Die größeren Kinder halfen den Kleinen, aus Tonpapier Palmen zu schneiden. Wilde Tiere hielten Einzug, mit Fingerfarbe auf die Fenster gemalt.
Statt „Gute-Nacht"-Geschichten (Mittags-Schlaf) zu lesen, wurden Bücher über Afrika gewälzt. Ein Kind brachte einen Globus mit: Wo liegt Afrika?
„Wie heißen dort die Länder?", fragt Anne (vier Jahre). „Wie feiern die Kinder dort?", interessierte nach einer Geburtstagsfeier. Und der noch nicht dreijährige Malte will wissen, ob es in Afrika auch Nebel und bunte Blätter gibt.
Irgendwann kam der Moment, wo die Erzieherinnen die Übergardine leid waren: „Nur noch Afrika!"
Mütter brachten Schilfblätter und Fächer mit, der Raum quoll über vor Utensilien, die mit diesem fernen Land verbunden wurden. Ständig wurde das „Affenlied" gesungen, und die Kinder rannten wie eine Affenherde brüllend durch den Raum.
Gleichzeitig gab es ernsthafte Ge-

spräche: „Afrikaner sind Menschen wie wir, nur mit brauner Haut.“ „Warum müssen Tiere aus Afrika bei uns im Zoo eingesperrt leben?“ In solchen Momenten waren die Erzieherinnen wieder versöhnt mit dem lang anhaltenden Interesse und neu motiviert.

In der Weihnachtszeit beschäftigte die Kinder, ob man in Afrika auch Weihnachten feiert und ob der Weihnachtsmann die Hitze dort aushält. Mittlerweile wurde durch Zufall ein Kontakt mit zwei Studenten aus Mosambik geknüpft. Das sind jetzt die Experten für die Fragen der Kinder.

Eine orientalische Leseecke ... und Tee trinken auf japanisch,

- Sitzkissen in traditionellen Farben der Länder, aus denen Kinder in der Kita sind, und
- Mitbringsel aus fremden Ländern, schön gestaltet auf einem Urlaubstisch,
- Glasvasen aus Polen, von einem Tagesausflug von Frankfurt/Oder aus mitgebracht,
- eine Weltkarte, auf der mit bunten Nadeln die Orte markiert sind, aus denen Besucher der Kita kamen,
- mit einer Mutter aus der Türkei oder Bosnien gemeinsam einen dort typischen Wandbehang anfertigen,
- Lampions oder Lampenschirme mit kyrillischen Schriftzügen verzieren, wenn ein russischer Vater dabei hilft,
- Fotos aller Kinder der Gruppe mit Angabe ihres Geburtsortes. Da steht dann unter Sueli: „aus Afghanistan“, und unter Isabell: „aus Crussow“,
- Bilderbücher für die Leseecke, die in fernen Ländern spielen oder Alltagssorgen von Flüchtlingen hier bei uns zum Thema haben.

Wenn man einmal anfängt, in dieser Weise nachzudenken, fallen einem tausend Dinge und Gelegenheiten ein, wie man der weiten Welt Eingang in die Kita-Welt verschaffen kann.

Wenn Eltern aus unterschiedlichen Herkunftsländern ihre Kinder in der Kita haben, ist dies einfach, aber es geht auch, wenn kein einziges Kind außerhalb deutscher Grenzen geboren ist, wie die Beispiele zeigen.

Die kleinen Gespräche am Rande sind es, die den multikulturellen Gehalt vertiefen:
„Warum haben diese Sofas keine Beine?“
„Weshalb kann ich deine Buchstaben nicht entziffern?“
„Hat jedes Land eine Nationalflagge?“
Und vielleicht auch:
„Warum haben Menschen in Rostock und anderswo die Wohnung von anderen Menschen angezündet?“

Kinder ziehen um

Mittendrin: Alles dreht sich um den Kita-Neubau

Die Modelleinrichtung in Bad Wilsnack erhielt während der Projektlaufzeit einen Neubau auf dem Gelände der alten Kita und musste umziehen. Das haben die Erzieherinnen genutzt:
Drei Entwürfe von Architekten lagen vor, das Team war in die Entscheidungsfindung einbezogen. So bekam die Firma den Zuschlag, bei der es möglich war, die Baumaßnahmen ohne Schließung des alten Gebäudes durchzuführen. Die Kinder konnten also das Geschehen unmittelbar verfolgen.

Pädagogische Ziele:

- Freude auf die neue Kita und
- Abschied von der alten.
- Unterstützung des Selbstwertgefühls: Ein Haus für Kinder entsteht!
- Akzeptanz von Regeln, hier vor allem solche, die der Sicherheit dienen.
- Kennenlernen von Traditionen, wie z. B. das Richtfest.
- Beteiligung bei der Gestaltung der neuen Räume.

Einzelne Aktionen:

- Die Kinder sammeln Berichte aus der Zeitung fürs „Bauarchiv".
- Der Baufortschritt wird mit Zeichnungen und Fotos festgehalten.
- Von den Entdeckungsgängen wird Baumaterial mitgenommen. Im Turnraum entsteht eine Baustoffsammlung.
- Manchmal dürfen die Kinder beim Mörteln helfen und sehen, wie mit dem Lot die Wand gerade ausgerichtet wird.
- Beim Richtfest ist das Wichtigste die Krone, die von einer Erzieherin selbst gebunden und von den Kindern geschmückt wird.
- Beim Innenausbau lernen nicht nur die Kinder, sondern auch die Handwerker. Ständig wuseln ihnen die Kleinen um die Füße. Nach anfänglicher Irritation lassen sie die Kinder mit anpacken, erklären ihnen die glatte Vor- und raue Rückseite der Fliesen, messen mit ihnen die Höhe der Spiegel ab, lassen sie helfen, den Teppichboden zu legen …
- Die Endreinigung übernehmen Mütter, Erzieherinnen und Kinder. Sie kaufen sich von dem Gesparten zusätzliches Inventar.
- Teilnahme bei der Bauabnahme: Firmen, Bauherren und Trägervertreter, Bürgermeister, Architekten, Vertreter des Bau- und Gesundheitsamtes und die gesamte Kita.

Vorbereitung des Umzugs:

- Pflanzen werden selbst gezogen und rechtzeitig umgetopft, um den Eingang zu schmücken. Hier helfen vor allem die Kleinen.
- Spielzeug wird aussortiert, repariert, geputzt und verpackt.
- Das Puppengeschirr wird gründlich gereinigt.

Während vor ihren Fenstern der Neubau entsteht, bauen die Kinder nach der Bauskizze ein Modell. Die Kleinen malen das Dach

• Bücher werden sortiert und bekommen einen neuen Schutzumschlag.

Ein Gespräch am Rande des Büchersortierens:
Hanna zu Erik: „Das geht mir langsam auf den Keks." - Erik überlegt: „Mir geht es schon lange auf die Waffel!" Ein deutliches Signal, dass mal wieder was anderes dran ist.

Reflexion der Erzieherinnen:

• Bewährt hat sich vor allem das eigene Tätigsein der Kinder, z. B. Sträucher verpflanzen wegen des Kelleraushubes, den Umzug vorbereiten oder mit eigener Gipsmischung Löcher füllen ...
• Die jüngeren Kinder beobachteten zunächst mit Ausdauer die Baustelle, insbesondere die großen Fahrzeuge hatten es ihnen angetan. Nach einiger Zeit verlor sich dieser Reiz und sie wandten sich anderem zu.
• Die Vorschulkinder waren gerne mit den Bauzeichnungen und dem Nachbau des Objektes beschäftigt.
• Insgesamt ging es sehr geschlechtsspezifisch zu: Die Mädchen waren eher eifrig beim Saubermachen, die Jungen mehr mit den Bauzeichnungen beschäftigt; die Mütter halfen bei der Endreinigung, die Väter beim Bauen der Regale. Es gab jedoch auch andere Erkenntnisse: „Eine Frau kann nicht so schwer heben, aber sie ist trotzdem stark." (Jenny, sechs Jahre)
• Manche Erzieherinnen fanden es beschwerlich, dass überall die Kinder dabei waren.
• Die Kinder, die sich nicht so sehr für den Neubau interessierten, waren sich oftmals selbst überlassen, bemerkten einige Erzieherinnen selbstkritisch.
• Die Trauer über den Auszug aus dem alten Haus geriet in den Hintergrund, fiel einer Erzieherin auf: Erst die Tränen in den Augen der fünfjährigen Tanja, als sie vom neuen Gruppenfenster aufs alte Haus blickte, verschafften dem Aspekt Abschied seine angemessene Bedeutung. Gerade noch rechtzeitig, um die emotionale Dimension des Abrisses der ehemaligen Kita zu begreifen.

Erst die Tränen von Tanja machten auf die Trauer über den Abschied von der alten Kita aufmerksam

Nachsatz:

Zwei Jahre sind seit der Einweihung vergangen, und die Erzieherinnen kamen auf eine clevere Idee: Jedes Jahr am „Geburtstag" der Kita wird

Manche Umzüge sind nicht freiwillig. Übergangsobjekte helfen, den Verlust besser zu verkraften

der Bürgermeister eingeladen. Die Kinder zeigen ihm, was sie im vergangenen Jahr gemeinsam mit den Erzieherinnen und Eltern in der Kita verändert haben. So musste er zum Beispiel den Komposter bestaunen, den sie mit Hilfe eines Vaters angelegt hatten, die Kleinen zeigten ihm ihr neues Aquarium, und die Hortkinder ließen ihn über die Taststrecke laufen, die sie für die Kleinsten angefertigt hatten. Die Erzieherinnen öffneten die Tür zu ihrem neu eingerichteten pädagogischen Kabinett. Dass Erzieherinnen so viele und aufschlussreiche Dokumentationen über ihre Arbeit hatten und Kolleginnen aus nah und fern kamen, um sich kundig zu machen und Erfahrungen auszutauschen, das war ihm neu.

„Das ist unmöglich!“

Eine andere Kita, die Modelleinrichtung in Halle, hat ihren Umzug unter aktiver Beteiligung der Kinder durchgesetzt. Der Spediteur wollte zunächst den Auftrag nicht annehmen. – „Das ist unmöglich!“ Am Ende des Tages bat er um ein Anmeldeformular für sein Kind. Das war die Kita, in die er seine Tochter bringen wollte!

„Mitgift“

Manche Umzüge sind gar nicht freiwillig. Insbesondere in den neuen Bundesländern mussten viele Erzieherinnen und Kinder ihr vertrautes Haus verlassen und in ein anderes dazuziehen. (Der drastische Geburtenrückgang führte zur Schließung vieler Einrichtungen und zur Zusammenlegung übrig bleibender Gruppen.) In einer Pritzwalker Kita, die aufgelöst werden musste, beratschlagten die Erzieherinnen mit den Kindern, was man aus der alten Kita mitnehmen könnte. Es entstand eine lange Wunschliste: die Bilder mit den selbst gebastelten Rahmen, der erst kürzlich angeschaffte Vogelbau, der vergilbte Raumteiler, den alle lieben …
Hoffentlich treffen sie auf verständnisvolle Erzieherinnen, die diese Mitgift zu schätzen wissen!

Mitmach-Bauphase

Erzieherinnen fordern für Neubauten eine Phase, in der die Kinder gezielt einbezogen sind. Eine Architektin lässt bei ihren Kindergartenprojekten einen letzten Abschnitt unvollendet, bis die Kinder bereits eingezogen sind. Warum?
„Den Entstehungsprozess mitzuerleben, erweitert nicht nur das Wissen und die Erfahrung von Kindern, sondern wirkt sich auch sehr stark auf die Identifikation und den Zugang zu diesem Werk aus. Kinder haben dadurch einen positiven Bezug zu ‚ihrer‘ Kita. Bei meinem letzten Projekt habe ich zum Beispiel den Anbau des Wintergartens für die Kinder aufgehoben. Sie waren die gesamte Bauzeit nur mit dem Beobachten dieser Bauaufgabe beschäftigt.“

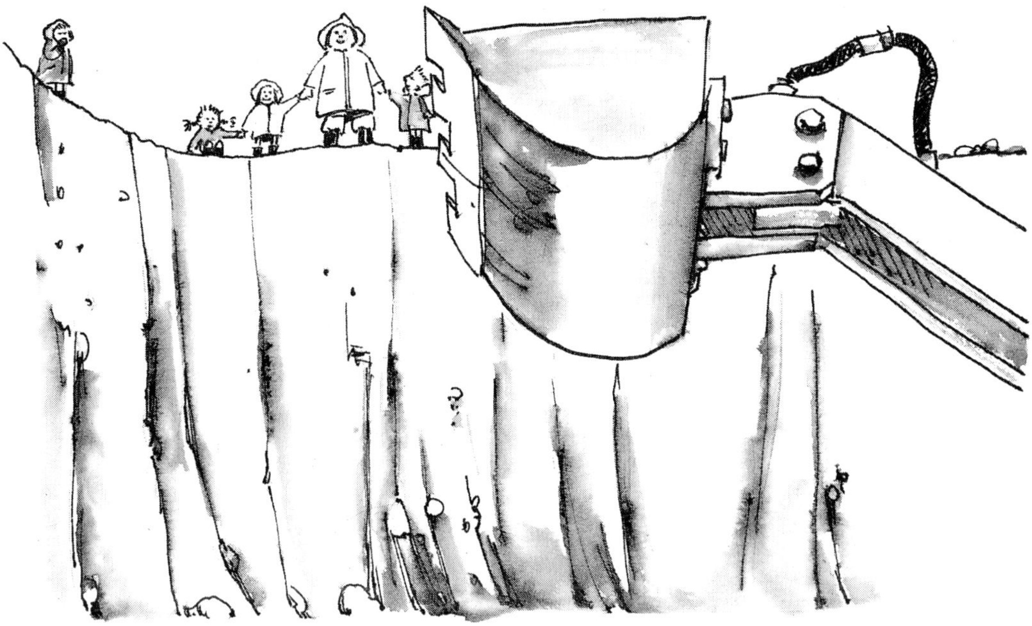

• In welcher Form können sich Kinder, Eltern und Erzieherinnen beteiligen?
„Nehmen wir zum Beispiel die Pflanzungen. Ich habe schon manchen Garten nach den Planungen der Kinder realisiert. Sie respektieren dann viel leichter, dass sie noch nicht sofort auf die ‚Kletterbäume' dürfen, und haben einen eher schöpferischen als zerstörerischen Zugang zu den Pflanzen."
• Was lernen Kinder durch diese Art Teilhabe?
„Bei einem Neubau habe ich Kinder und Eltern zu Besichtigungen eingeladen, damit sie die Veränderungen von Größe und Gestalt wahrnehmen. Nach dem Erdaushub sieht die Baugrube sehr groß aus, alle stellen sich ein riesiges Gebäude vor. Nachdem die Sohlplatten gegossen sind, verkleinert sich alles, und wenn die Mauern gezogen sind, sieht alles wieder etwas großzügiger aus. Letztendlich kommt die Raumempfindung erst mit der dritten Dimension, mit der oberen Begrenzung des Daches. Deshalb sind mehrere Besuche wichtig.
Die Kinder lernen außer der veränderten Wahrnehmung zu schätzen, wie viel Arbeit es macht, ihren Kindergarten zu bauen."
• Ich wünsche allen Pädagoginnen und Kindern solche Architekten. Danke für das Gespräch.

(Das Interview führte Ulrike Philipp, Halle, mit der Architektin Jitka Pavlik aus Kassel.)

Es gibt schon Architektinnen, die Mitmach-Bauphasen einplanen

„Mir gefällt Rot", – „Mir aber nicht." Farbgestaltung mit Kindern

Fachmännisch betrachten die Jungen und fachfrauisch die Mädchen die Probeanstriche, die der Maler eigens für sie angefertigt hat

Nach den Prinzipien dieses Buches werden Kinder bei der Wahl der Farben in ihren Räumen mit einbezogen. Daraus folgern unweigerlich Auseinandersetzungen mit unterschiedlichen Argumenten: „Ich will Rot." „Meine Lieblingsfarbe ist aber Blau." „Zu Hause habe ich eine Blümchentapete, die gefällt mir." „Hellblau ist schick." Sie werden die Meinungsäußerungen ergänzen können, und bestimmt haben Sie auch Mittel und Wege gefunden, sich mit Ihrer Kindergruppe zu einigen. Von einigen Entscheidungshilfen soll hier die Rede sein.

Maler können zum Beispiel Probeanstriche der in Frage kommenden Farben auf Tapetenreste machen und den Kindern erklären, warum sie welche Farben empfehlen würden und welche nicht. Oder man kann anhand einer Farbpalette die möglichen Alternativen vor Augen führen und (z. B. mittels des Punktesystems) eine erste Vorentscheidung treffen. Expertenmeinungen, auch zu ökologischen Gesichtspunkten, können eingeholt und den Kindern über die Geschmacksbildung hinaus als Auswahlkriterien an die Hand gegeben werden. Übrigens, keine Angst davor, dass einige Kinder manches noch nicht verstehen. Was sich in jedem Falle einbürgert ist, dass Entscheidungen Meinungsbildungsprozesse

voraussetzen, und das ist auch eine nicht zu unterschätzende Langzeitwirkung.

Einige Expertenstimmen zur Auswahl von Farben:

Farb- und Strukturerfahrung

Stephan Eusemann, Professor der Gestaltungslehre (1976, S. 133 f.), gibt die Empfehlungen, dass Farben ohne aggressive Übersättigung, ohne schreiende oder kontraststarke Buntheit auskommen sollen. Schwere und statisch wirkende Farben sind seiner Meinung nach dort angemessen, wo Festigkeit (wie bei Türzargen, Stützen, Fußböden) erwartet werden darf. Flexibilität dagegen (wie bei Türblättern) kann durch leichtere und dynamisch wirkende Töne dargestellt werden. Er vergleicht das harmonische Zusammenwirken von materialspezifischen Farben und Strukturen mit der Wirkung eines Orchesters, das stimuliert, ohne aufzuputschen.

Emotionale Farbwirkung

Es gibt keine ehernen Gesetze, aber offensichtlich eine relativ hohe Übereinstimmung in der Einschätzung: „So steht Rot einerseits für Aggressivität, andererseits für Liebe und Freude, Gelb für Neid, aber auch für Licht und Sonne, Blau für Ferne, Sehnsucht und Kälte. Kräftige, ungemischte Farben senden starke Reize aus und sind bestimmend, sie harmonieren mit ihren jeweiligen Komplementärfarben.“ (Dreisbach-Olsen, u. a. 1995, S. 80, mit Bezug auf Umfragen von Heller 1989.)
Die Autorinnen fragen weiter: „Haben Sie schon einmal darüber nachgedacht, ob es wirklich richtig ist, dass Kindern bunte Farben beschert werden müssen? Die Tonigkeit warm-kalt und Komplementärkontraste, besonders rot-grün, blau-braun-violett, rosa-braun, rosa-oliv, weiß-gelb, ocker-blau, schwarz-rotbraun sind Farbideen aus der Natur, die auch im Kindergarten Atmosphäre schaffen können.“ (a. a. O., S. 80)

Andere sagen, Blau ist die Farbe, die schützt, und die Anthroposophen haben wieder neue und ganz eigene Antworten darauf, welche Farben Kindern gut tun.

Man kann für sich beruhigt den Schluss ziehen, dass es zwar sinnvoll ist, sich zu informieren, dass aber auch Geschmack und konkrete Gegebenheiten ernst zu nehmende Entscheidungskriterien sind.

Man kann getrost den Schluss ziehen, dass auch Geschmack ein ernst zu nehmendes Kriterium ist

Gesunde Farben

Wandfarben sollten heutzutage ungiftig und ohne gesundheitliche Belastungen sein, sie sollten in der Herstellung energie- und rohstofffreundlich sein und auch in der Entsorgung ökologischen Kriterien entsprechen. Der „Blaue Engel“ bietet eine erste Orientierung auf der Suche nach umweltverträglichen Produkten.

SITUATIONSANSATZ

4. Nachdenken – Erfahrungen auswerten

Bei so vielen Ideen, Taten und Erfolgen kann einem fast schwindelig werden. Obwohl es auch weniger gelungene Beispiele gab, wie man sich denken kann. Selbstbewusste Erzieherinnen haben sie zur Veröffentlichung freigegeben, damit andere aus ihren Fehlern lernen, so wie sie es getan haben.
Damit beginnt das Kapitel vier, bleibt aber nicht dabei stehen, sondern schwingt sich zu Wunschträumen auf, wie Kitas zukünftig aussehen könnten.
Aber der Reihe nach:
Zuerst schildert eine Kollegin Schwierigkeiten, die sich ergaben, nachdem sich in ihrer Kita nicht mehr alles hinter verschlossenen Gruppentüren abspielte, und was man machen kann, wenn Theorie und Praxis auseinander klaffen.
Es wird gefragt, ob es naturwüchsig so sein muss, dass Mädchen und Frauen immer sauber machen, während Jungen und Männer handwerken.
Überall wird die Bedeutung von Bewegung und Beweglichkeit offensichtlich. Kolleginnen, die Bewegungsräume schufen, haben mehr losgetreten, als sie anfangs vermuteten.
Erzieherinnen geben Tipps weiter, damit andere von ihren Erfahrungen profitieren können.
Ungewöhnliche Ideen werden vorgestellt, die so gut sind, dass es sich lohnt, sie tausendfach zu kopieren und zu variieren.

Zum Schluss wird noch einmal über die Qualität der geleisteten Arbeit nachgedacht: Wie kann man selbst überprüfen, ob Kinder Erfahrungen, die man als wichtig erachtet, tatsächlich machen konnten?
Wenn Qualitätskontrolle nicht zum Schlagwort verkommen soll, bedarf es ausgewählter Fragen, die pädagogische Prozesse reflektieren helfen. Sie sollen auf Ungereimtheiten zwischen Anspruch und Wirklichkeit aufmerksam machen und gleichzeitig so offen sein, dass auch nicht beabsichtigte Wirkungen erkannt werden können.
Es ist nicht einfach, solche Fragen zu finden, noch dazu, wenn man keinem kurzschlüssigen Ursache-Wirkungs-Zusammenhang verfallen will. Mal sehen, ob Ihnen unsere Fragen weiterhelfen.

Umräumen: Mehr als Möbel rücken!

„Das Raumprojekt hat mehr verändert, als ich dachte. Bei mir und bei den Kindern."

„Das Raumprojekt hat mehr verändert, als ich dachte." So beginnt eine Erzieherin aus Berlin-Pankow ihre Auswertung und zählt auf: „Nicht nur in den Räumen hat sich einiges getan, sondern bei den Kindern verbesserten sich:
- Beziehungen,
- Selbstständigkeit,
- Selbstbewusstsein,
- Einhalten oder Aufstellen von Regeln,
- Gemeinschaftsgefühl.

Bei mir stellte ich fest:
- mehr Achtung vor den Fähigkeiten und Leistungen der Kinder,
- Freude über ihre Entwicklungen,
- mehr Zeit zum Beobachten,
- mehr Sicherheit und
- gestiegenes Selbstbewusstsein."

Damit fasst sie anschaulich zusammen, dass Raumgestaltung mehr bedeutet, als Möbel rücken.

Zuwachs an Ich-, Sozial- und Sachkompetenzen

Kinder gewinnen in kürzester Zeit enorme Fähigkeiten hinzu. Dieselbe Erzieherin, deren erster Versuch, Kinder nach ihren Wünschen zu befragen, daran scheiterte, dass diese sich zu unpräzise ausdrückten, stellt jetzt fest: „Die Kinder können nun viel besser beschreiben, was sie wollen und was nicht. Sie haben gelernt, in Worte zu fassen, was ich sonst nur über Beobachten in Erfahrung bringen konnte. Ihre Vorstellungen sind konkreter geworden."

Eine andere Kollegin veranschaulicht, wie sich Beziehungen verändern, auch die zwischen Kindern und Erwachsenen: „Frau Rachow, du brauchst uns nicht zu sagen, was wir machen sollen", Katja, fünf Jahre, verteidigt ihre Selbstständigkeit beim Umräumen des Gruppenraumes.

Aber auch Konkurrenzen werden geschürt: „Wir wollen auch so einen schönen Raum wie die Babygruppe." Oder: „Warum haben wir keine Rutsche wie bei Frau Sowieso?"

Dafür können Kinder aber auch herzerwärmend loben: Tagelang rollten sie sich auf dem neuen Teppich und schwärmten, dass der Raum jetzt viel schöner sei als der der Babygruppe. „Mir ist ein Stein vom Herzen gefallen", kommentiert die Erzieherin diesen Ausgang der Räumaktion.

Wie sich solche Kinderkommentare auf Beziehungen auswirken, hängt davon ab, ob Erzieherinnen sich gegenseitig ausspielen oder ob sie es akzeptieren können, wenn Kinder Unterschiedlichkeiten bewerten.

„Theoretisch war vieles klar, aber praktisch …", reflektiert dieselbe Erzieherin die Tatsache, dass sie zwar viel über Achtung im Umgang miteinander redeten, aber sie in der Realität durchaus vernachlässigten.

Kommunikation gewinnt an Bedeutung bei einem Raumkonzept, das auf Auseinandersetzung, Konsens und Kompetenz beruht, nicht nur für die Kinder, sondern auch für die Erzieherinnen.
Erinnern Sie sich an die Fähigkeiten, die im Kapitel zwei „Entscheiden“ (S. 29) als Grundlage für die Raumregeln eine Rolle spielen: Kinder können im Alltag jene Eigenschaften erwerben, die zum Aufbau einer selbstverantwortlichen Persönlichkeit, zur Entwicklung von Ichidentität, wichtig sind. Wissen, was man selber will, sich anderen mitteilen und ihnen zuhören können; aushalten, dass nicht nur die eigenen Wünsche berücksichtigt werden, sondern Kompromisse gefunden werden müssen; akzeptieren, dass andere anderes mögen oder dieselbe Sache anders sehen; gemeinsam Regeln aufstellen oder vorhandene auf ihre Sinnhaftigkeit überprüfen. Darüber hinaus konnten die Kinder die Erfahrung machen, Einfluss auf ihre Umgebung zu nehmen. Dies gilt auch für die Kleinsten. Sie werden zwar nicht in Entscheidungsprozesse einbezogen, das überstiege ja ihre Fähigkeiten, aber sie spüren, dass sie ernst genommen werden, dass Erwachsene sich Gedanken um ihre Bedürfnisse machen. Sie haben viel Platz zur freien, sich selbst nicht gefährdenden und andere nicht störenden Bewegung. Und sie wachsen auf in einem Klima, in dem der Einzelne und die Gemeinschaft zählen. Alles zusammen gibt ein gutes Fundament für Selbstachtung und Wertschätzung des Anderen.

„Frauen sind stark, auch wenn sie nicht so schwer tragen können.“

Auch über die Rollen von Mädchen und Jungen kann man beim Möbelrücken einiges erfahren:

Viele Praxisberichte lesen sich wie Beschreibungen geschlechtsspezifischer Vorurteile: Mädchen spielen mit Puppen, Jungen mit Autos, Mütter helfen beim Putzen, Väter beim Handwerken. Schulmädchen wünschen eine „Schnatterecke“ und Schulbuben wollen raus. Nun ist kleinen Mädchen sicher nicht das Spiel mit Puppen zu vergällen und sauber gemacht werden muss auch. Eine aufmerksame Beobachtung eigener Botschaften ist jedoch angebracht: Wer wird aufgefordert, wenn es darum geht, Tische abzuwischen oder den Raum zu streichen? Wem wird größerer Bewegungsdrang zugestanden und wem eher technisches Interesse unterstellt? So kann man durch eigene Erwartungen und Worte entweder Stereotypen bekräftigen oder dazu beitragen, dass sich die Interessens- und Ausdrucksvielfalt bei Mädchen und Jungen erhöhen kann. Auch in der Zuschreibung von Eigenschaften kann Differenzierung statt Diskriminierung zum Ausdruck kommen. Der Kommentar der sechsjährigen Jenny beim Umzug: „Frauen sind stark, auch wenn sie nicht so schwer tragen können“, gibt eine Idee, wie das geht.

Wer wird aufgefordert, den Tisch abzuwischen, und wem wird Spaß am Toben zugestanden?

Erzieherinnen ändern sich und ihre Umgebung

Welchen Raum gestehen sich die Erzieherinnen selbst zu?

Eine veränderte Haltung zu Kindern bewirkt eine andere Berufsrolle der Erzieherin, manchmal nicht nur freiwillig, wie aus den folgenden Zeilen herauszuhören ist: „Am Anfang mussten wir uns gegenseitig erinnern, dass die Kinder erzählen und wir zu schweigen haben. Aber schnell gewöhnte man sich daran, und wir merkten, dass wir nicht mehr überall gebraucht werden. So konnten wir uns um andere Dinge kümmern, zum Beispiel das ruhige Gespräch mit einzelnen Kindern suchen." Und eine andere Erzieherin schreibt: „Manchmal komme ich mir schon fast überflüssig vor, wenn zum Beispiel vor mir die Tür geschlossen wird und ein Kind zu mir sagt ‚Hier ist jetzt Theatervorführung, nur für Kinder!' Ich musste wirklich erst lernen, die Kinder loszulassen, aber es macht mir mittlerweile Freude zu sehen, wie selbstbewusst sie in den letzten Monaten geworden sind."

Die Professionalität von Erzieherinnen zeichnet sich in diesem Raumkonzept vor allen Dingen durch eine Balance von mindestens drei Rollen aus: der geduldigen und aufmerksamen Förderin kindlicher Stärken, der mutigen Erwachsenen, die mit Kindern zu lernen wagt, und der kompetenten Fachfrau, die herausfindet, an welchen Stellen sie mit ihrem Wissen und Wollen Entscheidungen und Anregungen setzen will. Die Erfahrungen zeigen, dass Erzieherinnen durchaus auch für die dritte Rolle Bestätigung brauchen. Es kommt ihnen offensichtlich im Zuge einer größeren Akzeptanz anderer, insbesondere von Kindern, abhanden, sich selbst genauso wichtig zu nehmen. Dies zeigt sich übrigens auch darin, dass sie Gefahr laufen, ihren eigenen Raum unterzubewerten. Sei es, dass kaum Sitzgelegenheiten für Erwachsene zu finden sind, sei es, dass Personalräume ersatzlos den Kindern zur Verfügung gestellt werden.

Eine Ausnahme soll deswegen zur Nachahmung empfohlen werden: Das Team der Modellkita in Berlin-Hohenschönhausen fand, dass weder das Leiterinnenbüro noch der Personalraum ihren Ansprüchen entspricht. Es wollte für sich einen Raum, in dem man ausruhen, aber auch intensiv diskutieren kann. Gleichzeitig sollten sich Eltern und Kinder bereits bei der Anmeldung wohl und willkommen fühlen. Diese Überlegungen führten dazu, dass sie einen Künstler beauftragten, die beiden Räume neu zu gestalten. Auf S. 83 sehen Sie das Ergebnis.

Das Bücherregal ist wie ein geöffneter Berg. Ein Holzstamm und große Steine fangen den Blick. Der Besprechungstisch hat lauter unterschiedliche Beine, damit die Kinder, die bekanntlich gerne unter Tischen krabbeln, etwas zu bestaunen haben.

Tipps aus der Praxis für die Praxis

- Zeit lassen:
  - für Ideensammlung mit den Kindern, Eltern und im Team,
  - für Ausprobieren, wieder und wieder Verrücken und Umräumen, sodass Kinder selber Erfahrungen sammeln können.
- Rechtzeitig informieren:
  Alle Betroffenen sollten informiert sein, um unnötige Unstimmigkeiten zu vermeiden bzw. vorhandene Kompetenzen zu sichern.
- Von Stärken ausgehen:
  Die Vorlieben und besonderen Fähigkeiten der einzelnen Kolleginnen finden und zur Geltung bringen.
- Festlegungen treffen:
  - sowohl mit Kolleginnen als auch mit Kindern, Eltern und anderen. Z. B., wer macht was, bis wann?
  - Insbesondere klären, wer für die Gemeinschaftsflächen zuständig ist.
- Mit Konflikten rechnen und sich möglichst rechtzeitig um Aussprachen bemühen.
- Ausgetretene Pfade verlassen:
  Ungewöhnliches ausprobieren, über den Tellerrand sehen, Literatur studieren, auch mal große Schritte wagen.
- Die Lupe in der Nähe lassen:
  - die Räume in bestimmten Zeitabschnitten unter Beachtung der „Raum-Regeln" untersuchen,
  - allein, mit Kolleginnen, Eltern oder mit den Kindern beobachten, ob sich Raumaufteilung und Angebote noch bewähren. (Vgl. „regelmäßige Beobachtungswochen", Regel 1990, S. 192),
- Rausgehen:
  Die Verführung ist groß, die ganze Welt in die Kita holen zu wollen, drinnen alles puppenstubenhaft schön zu gestalten. Deswegen: Nicht vergessen, dass Türen auch dazu da sind, sie zu öffnen und rauszugehen!

Ein angenehmes Besprechungszimmer fördert kreative Gedanken

„Zumindest hätte man uns fragen können." Konflikte im Team

„Ich fühlte mich abseits und kam mir mit meinen Kindern vor, als wären wir Gast auf unserem eigenen Flur."

Wer geglaubt hat, dass man Veränderungen realisieren kann, ohne irgendwo anzuecken, hat sich getäuscht. Vermutlich erkennen die meisten Leserinnen in dem folgenden Beispiel einer Kollegin aus Mecklenburg-Vorpommern eigene Erfahrungen wieder. Denn Veränderungen gehen nicht reibungslos vonstatten.

Bei unserer Gruppenraumgestaltung waren die Kinder, die Eltern und ich verantwortlich und mit Spaß und Elan tätig. Es war kein Problem, alles unter einen Hut zu bekommen. Anders bei unserer Flurgestaltung. Hier fällt es mir schwer, zu berichten. Der Grund ist, ich versprach mir eine bessere Zusammenarbeit mit den Kolleginnen. Wir hatten zunächst miteinander besprochen, was wir als Nächstes auf unserem gemeinsamen Flur in der oberen Etage angehen wollten:

- Tapezieren und malern,
- Pinnwand für Informationen,
- neue Garderobe,
- Vorhang nahe dem hinteren Gruppenraum der Kollegin,
- Taststrecke an der Wand.

Die Räume sollten Beziehungen gestalten. Ohne Kinder sollte nichts laufen. Wir wollten uns in den Gruppen untereinander und im Team Schritt für Schritt öffnen. Alle waren bereit dazu, wollten an einem Strang ziehen, und doch war es schwer, dies in die Tat umzusetzen. Nachdem unsere Kinder kurzfristig den Flur leer räumen halfen, mit anderen Erzieherinnen, dem Hausmeister und den Reinigungskräften zusammen, fingen die Probleme auch schon an. Aufgrund mangelnder Absprache begannen zwei Kolleginnen mit den Tapezierarbeiten. Es war vielleicht ein Missverständnis, aber ich dachte, wir alle auf dem oberen Flur würden diesen gemeinsam gestalten. Zumindest hätte man uns fragen können, ob wir mitmachen wollen, oder?! Ich fühlte mich ein wenig abseits und kam mir vor, als wären meine Kinder und ich Gast auf unserem eigenen Flur. Es gab deswegen auch eine Aussprache, und man bezog uns dann bei der Farbwahl ein. Allerdings muss ich erwähnen, dass die beiden Kolleginnen, die hier vorgeprescht sind, sich

auch sonst gut verstehen und vieles zusammen machen.
Nun, als unsere Gruppe erfuhr, dass demnächst tapeziert wird, haben wir spontan gehandelt: Unser Hausmeister hatte schon den langen Tapeziertisch aufgestellt. Dort nahmen wir - mit Musik - unser Frühstück ein. Danach fragten wir ihn, ob man mit Filzstiften die alten Tapeten bemalen könnte. Er bejahte es. Wir malten, was das Zeug hielt.
Hier tauchte wieder ein Problem auf, womit unsereins nicht gerechnet hat: Zurück vom Spaziergang, beanstandeten die Kolleginnen die Malerei, sie würde durchscheinen, und wir sollten sie besser entfernen.
Alles ging zwar ohne Mühe weg, aber sauer waren wir trotzdem. War das nötig? Der Ehrlichkeit halber muss ich sagen, die Tapezier- und Malarbeiten wurden von den Kolleginnen ordentlich und fleißig durchgeführt.
Jetzt geht's aber weiter: Verabredet war, dass nahe der hinteren Gruppentür ein Vorhang dafür sorgen sollte, dass die Kinder den langen Flur nicht als Rennstrecke nutzen und dass wohnliche Atmosphäre verbreitet wird. Nun sind die Vorhänge so zugezogen, dass ein Erwachsener nur in gebückter Haltung durchlaufen kann. Mich wundert nur, dass sich die Eltern noch nicht beschwert haben. Unsere Meinung kennt die Kollegin. Es ist ihr Flurbereich und sie und ihre Kinder mögen es, wie es jetzt ist. Auch das sollte ich wohl als Erzieherin der anderen Gruppe akzeptieren lernen. Sicher! Nur dachte ich, wir wollten uns langsam in unserer Einrichtung öffnen und das, so meinen wir zwei restlichen Kolleginnen aus der oberen Etage, könnte man auch mit einem schmaleren Vorhang rechts und links.

„Wenn Türen sich öffnen, zieht's“

So betitelte eine Fortbildnerin einen Artikel über die Kooperationsbereitschaft im Team. Obwohl zwei Jahre vor diesem Erfahrungsbericht geschrieben, könnte er als Kommentar dazu verfasst sein:
„Es geht um manchmal mühselige und ängstigende Prozesse einer teamöffentlichen Diskussion … Wenn der Flur zum Spiel-Raum (nicht mehr Entlastungsrennbahn für unruhige Kinder) werden soll, wenn bislang klare Gruppengrenzen durchlässig werden, dann haben auch Erzieherinnen mehr miteinander als nebeneinander zu tun … Berührungen und Überschneidungen können zu Reibungen führen und verlangen eine größere Intensität in pädagogischen Gesprächen, gegenseitigem Wissen über Arbeitsweisen, Stärken und Kompetenzen und Absprachen im Team. Kurzum: Öffnungsprozesse in der Einrichtung setzen Öffnungsprozesse in der Kommunikation zwischen den Mitarbeiterinnen in Gang … Wir können nicht Türen öffnen und gleichzeitig das Gespräch im Team verschlossen halten.“
(Döring 1994, S. 20)

„Wir können nicht Türen öffnen und gleichzeitig das Gespräch im Team geschlossen halten.“

Visionen werden wahr

Kinder bauen ihre Möbel selber, Künstler und Handwerker helfen ihnen

Ich habe einen Traum: Darin bauen Kinder ihre Möbel selber, da helfen Künstler und Fachleute mit, damit es kleine Kunstwerke werden. Da sind Kitas Skulpturengärten. Es wird zu Vernissagen von kleinen und großen Malern und Bildhauerinnen in Foyers von Kitas eingeladen. Da entwerfen Kinder das Logo ihrer Einrichtung selbst. Ein Café wird von Kindern betrieben, der Kuchen von ihnen selbst gebacken, ebenso wie kassiert und die Einnahmen ausgegeben. Eine neue Kita wird von angehenden Erzieherinnen geplant, und das ist Unterricht.
Da wird sowohl in der Kita als auch in der Ausbildung von Erzieherinnen in realen Situationen gelernt und das Leben nicht künstlich außen vor gehalten.
Dieser Traum ist schon Wirklichkeit: in Leipzig, Amsterdam und Templin, in Berlin-Hohenschönhausen und Frankfurt am Main, in Fulda und – demnächst bei Ihnen? Lassen Sie sich animieren zu scheinbar radikalen Schritten, die Sie später nicht mehr missen wollen.

Zum Beispiel: Kinder-akademische Stühle

„Wir nehmen uns einen Stuhl, wie es ihn einfacher und typischer kaum gibt, aus Holz soll er sein, aber nichts Besonderes, keine Schönheit, sondern bezahlbare Massenware, und machen uns ihn zu eigen. Verändern ihn. Bauen ihn um. Passen ihn an. Machen ihn schön. Verkleiden ihn. … Spielen mit ihm. Spielen mit ihm verrückt." (Kinder-akademische Stühle, S. 1)
Rund um den Stuhl ging es in der Kinderakademie in Fulda, als das dortige Café eingerichtet werden sollte. Unter künstlerischer und handwerklicher Anleitung entwarfen und bauten Mädchen und Jungen von 3 bis 16 Jahren die Stühle für ihr „MuseumsKAFé".
Die künstlerische Leitung lag bei einem Professor für Architektur und einem freien Designer. Bei der Realisation half eine ortsansässige Schreinerei. Den Kindern wurde ein Begleitprogramm geboten, das sie durch die Geschichte, durch andere Kulturen und in hessische Amtszimmer führte: Es gab eine Ausstellung prominenter Stühle, eine japanische Teezeremonie und einen Besuch in der nahe gelegenen Stuhlfabrik. Das Beispiel wird ausführlich zitiert, weil es auf andere Kindereinrichtungen übertragen werden kann. Es lädt ein, in Gedanken die eigene Kita daraufhin zu durchstreifen, welche anstehende Anschaffung sich auf diese Art und Weise auskosten ließe:
„Dass jeder Stuhl seine Geschichte hat, eng mit den Menschen verbunden, die auf ihnen sitzen, die sie besitzen, zeigt die Ausstellung ‚Stadt-Stühle', die den Workshop einleitet. Eine Reihe bekannter Personen und

Persönlichkeiten wird gebeten, ihren Stuhl für einige Zeit auszuleihen. Gleich einer Parade begleiten sie den Workshop, erzählen aus ihren Welten …
Dass es einen richtigen Stuhlalltag gibt, mit dem wir ständig leben, aber den wir selten sehen, zeigt eine Performance-Künstlerin. Sie stiftet die Kinder an, sich einen Stuhl zu greifen, ihn von A nach B zu tragen, sich völlig gelangweilt auf den Stuhl zu setzen, sich vom Stuhl fallen zu lassen, mit ihm zu wippen, über ihn zu springen, sich zu zweit und zu dritt auf ihn zu setzen, die Stühle zu verknäulen, sich unter ihnen zu verstecken. Obwohl nicht einstudiert, sondern völlig spontan, geschieht das Schauspiel ganz selbstverständlich und ungekünstelt …
Dass es auch ganz ohne Stühle gehen kann, erlebt man bei einer japanischen Teezeremonie. Eine Bekannte,

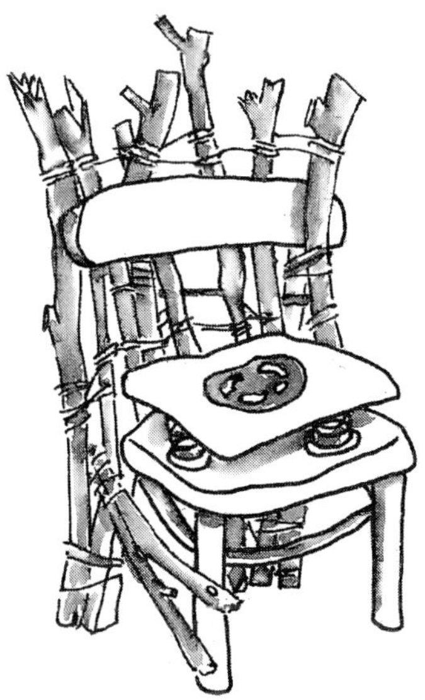

die in ihrem Mutterland Japan in die lange und intensive Schule der Teezeremonienmeisterschaft gegangen ist, bereitet in einer bis in alle Einzelheiten geregelten Abfolge ein wundersam schmeckendes Getränk zu: japanischen Tee. Was man sie auch fragt, für jeden Handgriff, jedes Utensil, ja jede Zeitspanne zwischen den Handlungen gibt es einleuchtende Erklärungen, die sich um die zentrale Bedeutung dieser Zeremonie drehen: Der Mensch im Einklang mit der Natur …
Nach diesen vielseitigen Einstimmungen beginnt die eigene Stuhl-Arbeit. Erst werden die Köpfe zusammengesteckt und Stuhlarten gesucht, quasi aus der Luft gegriffen und gleich auf einer großen Tafel festgehalten. Ein Wort gibt das andere und jedes gilt: Raketenstuhl, Feuerstuhl, Schleudersitz, Beichtstuhl, Anklagebank, Ruhebank … Ein solches ‚Brainstorming' gibt es auch zu den möglichen und unmöglichen Materialien, mit denen sich Stühle verändern lassen: Watte, Federn, Eierschalen, Eierschachteln, Schuhkartons, Dosen, Korken … Wie weit weg vom Stuhl fürs Museums-KAFé führt diese ungeheure Sammlung, wo werden wir am Ende sitzen? Noch ‚bedrohlicher' für das Sitzfleisch wird es, wenn im nächsten Arbeitsschritt Zeichnungen entstehen. Sie zeigen schnellste Raketenstühle, einen monströsen Wampenstuhl, den eiskalten Roboterstuhl … Aus anderen Augen betrachtet beginnt jedoch eine fantastische Funktionserweiterung, die sich niemals planen ließe." (a. a. O., S. 5 – 7)

Feuerstuhl, Schleudersitz, Raketenstuhl, Anklagebank … auf welchem Stuhl wollen Sie sitzen?

Am Schluss werden die Ideen mit der Realität konfrontiert und in handwerkliche Arbeiten umgesetzt. „Oft genug ergeben sich gerade aus dieser Arbeit weitere, viel versprechende Ansätze. Der kreative Part des Workshops wird also nicht etwa beendet, sondern in die planerische und handwerkliche Arbeit eingewoben … Es gibt ein Ziel, auf dem muss gesessen werden. Trotzdem lässt sich darüber hinausschießen. Niemand weiß vorher, wie's geht", schließt die Schilderung der Kinderakademie (a. a. O. S. 7). Und: Sie können Probe sitzen. Wo: In der Kinderakademie in Fulda, Mehlerstraße 4.
Wie schön wäre es, wenn sich mehr Kinderhäuser auf solche fantasievolle Weise einrichten würden, wie kreativ ließe sich Leben und Lernen verbinden.

Wettbewerb um das schönste Logo

Sowohl die Kinderakademie in Fulda als auch die Kita in Berlin-Hohenschönhausen haben das Logo ihrer Einrichtung in einem Kinder-Wettbewerb ausgelobt. Ausgangspunkt war die Frage, woran man das eigene Haus erkennen soll.
In Berlin sollte es ein Tier sein, eines, das man nicht fangen kann und das die Gedanken anregt. Die Kinder hatten sich sehr schnell auf den Schmetterling geeinigt; der fantasievollste wurde prämiiert und bei einer kleinen Feier zum 10-jährigen Bestehen enthüllt. Jeder Briefkopf und jede Dokumentation sind jetzt unverwechselbar und der Eingang von weitem sichtbar.

Wettbewerbssieger war der Schmetterling. Ein Tier, das man nicht fangen kann und das die Gedanken anregt

Ein springlebendiges Kind

Aus schwarzem Stahlblech ist es und begrüßt die Besucher. Ein Kunstwerk ist es, eigens für den Eingang des Kindergartens der Auferstehungsgemeinde in Frankfurt am Main hergestellt. 14 Tage lang konnten die Kinder die Entstehung des Werkes in ihrem Garten bestaunen. Die Leiterin hatte die Idee und wollte den regelmäßigen Vernissagen mit Bildern kleiner und großer Künstler im Haus ein ständiges Freiluft-Kunstwerk hinzufügen. Auch hier war ein Jubiläum, diesmal das 20-jährige Bestehen der Einrichtung, Anlass und Geldquelle.
Vielleicht gibt es zukünftig Sommerakademien mit Studentinnen und Studenten nahe gelegener Kunstschulen für die zu Hause gebliebenen Kinder und Erwachsenen im Garten der Kita. Der Beifall der örtlichen Presse ist ihnen sicher, der eine oder andere Sponsor vermutlich auch und eine hohe Besucherzahl sowieso.

„Haßleben bekommt eine neue Kita"

So steht es in der Presse, und eine Fachschuldozentin in Templin schaltete: Das könnte ein realer Lernort für die Studierenden sein. Wie kann man sich besser mit Raumgestaltung beschäftigen, als bei der Planung eines neuen Hauses für Kinder. Die Kontaktaufnahme mit der Leiterin der alten und künftigen Kita ergibt: Hier kann eine Zusammenarbeit entstehen.
Die Studierenden werden mit der Ernstsituation bekannt gemacht. Sie erhalten einen maßstabsgerechten Grundriss der neu entstehenden Kita, machen eine Exkursion durch das Dorf und besichtigen den Rohbau. Die Leiterin erklärt das pädagogische Konzept und ist für gute Ideen offen. Fünf Arbeitsgruppen werden gebildet:

- Analyse zum Kindergarten-Neubau:
Befragung der Erzieherinnen und Kinder, des Bürgermeisters, des Kita-Ausschusses, von Eltern, Gemeindebewohnern, des Bauleiters.
- Was den Raum zum Raum macht:
Farben, Licht, Beleuchtung … Welchen Einfluss nehmen Erzieherinnen darauf?
- Ideen für Rückzugsmöglichkeiten:
für Ruhe und Bewegung, Räume zum Essen.
- Räume gestalten:
Podeste, Hochetagen, Materialangebot mit Experimentiermöglichkeiten für Kinder.
- Gestaltung des Mehrzweckraumes:

Die Studierenden wählen eine Arbeitsgruppe, beginnen mit Literaturstudium, Recherchen vor Ort, Expertenbefragung und erarbeiten daraufhin mehrere Varianten, die der Klasse und der Leiterin der Kita vorgestellt werden.

Gibt es zukünftig Sommerakademien für große und kleine Künstler in Kitas?

Kein Schreckgespenst, nur Fragen zur Kontrolle

In der Diskussion um Qualitätskriterien für die pädagogische Arbeit ist zunehmend von Selbst- und Fremdüberprüfung die Rede. Es muss kein Schreckgespenst sein, denn eigentlich ist damit nichts anderes als eine gründliche Reflexion gemeint.

Zur Auswertung Ihrer Praxis empfehlen wir Ihnen einige Fragen. Wählen Sie aus, ergänzen Sie sie um jene Aspekte, die Ihnen selbst besonders wichtig waren, und tappen Sie nicht in die Falle, zu kurzschlüssige Ursache-Wirkungs-Zusammenhänge herzustellen. Vorsichtige Einschätzungen sind allemal besser als vorschnelle Behauptungen.

Nutzen Sie die nächste Teamsitzung, um mit den Kolleginnen abzusprechen, wer sich welchen Fragenkomplex vornimmt. Ein Tipp am Rande: Sprechen Sie nicht nur von Kindern, sondern geben Sie an, ob es sich um Mädchen oder Jungen handelt und wie alt sie sind. Das ermöglicht eine differenziertere Auswertung.

1. Wie gelingt es, das Recht der Kinder auf Beteiligung zu realisieren?
- Gibt es Einschätzungen der Kinder selbst zu dieser Frage?
- Hatten die Erfahrungen der Kinder Auswirkungen zu Hause – zur Freude oder zum Ärgernis?

2. Inwiefern spiegelt sich in den Räumen wider, was Kinder und Erwachsene bewegt?
- Was wollten Kinder selbst verändern, was wollten sie bewahren?
- Wie konnten Kinder die Geschichte eines Raumes erforschen bzw. mitschreiben?
- Welche Spuren haben Eltern hinterlassen?

3. Erlauben die Räume Gleichzeitigkeit unterschiedlicher Aktivitäten?
- Wie reagieren Kinder auf differenziertes Raumangebot – was gefällt ihnen, was irritiert sie?
- Wie beschreiben Eltern Entwicklungen ihrer Kinder? Stellen sie einen Zusammenhang zum Freiraum in der Kita her?
- Gibt es neue Konfliktzonen aufgrund veränderter räumlicher Bedingungen?

4. Wie wird die Öffnung nach innen und nach außen durch die Raumgestaltung unterstützt?
- Welche Öffnung ging von den Kindern aus, was wollten sie lieber geschlossen halten?
- Welche Orientierungen sind nötig für die jüngsten, welche Freiheiten gut für die älteren Kinder?
- Wie kommen Eltern und andere mit der neuen „Unübersichtlichkeit“ zurecht?
- Woran zeigt sich die Öffnung nach außen? Ist Einmischen in die Umgebung sichtbar?

5. Welche Spuren hinterlassen unterschiedliche Kulturen in der Kita?
- Gibt es Kinder aus anderen Kulturkreisen, und hat das sichtbare Auswirkungen?
- Was wollen Eltern aus ihrer Heimat zeigen? Wie sind die Reaktionen anderer Eltern?
- Welche Ideen wurden entwickelt, einen Blick in die Welt zu werfen?

6. Wie wird Menschen mit Behinderungen das Leben in der Kita erleichtert?
- Was signalisiert Ihr Raumkonzept Kindern bzw. Fachkräften mit Behinderungen?

7. Woran ist erkennbar, dass bei der Raumgestaltung Fragen der Umweltverträglichkeit eine Rolle spielen?
- Welche Naturerfahrungen können Kinder und Erwachsene machen?
- Wie macht sich Natur- und Umweltschutz im Alltag bemerkbar?
- Mit welchen Widersprüchen mussten Sie umgehen lernen?

8. Wie gelingt es, das Motto „Weniger ist mehr und Ästhetik ist erlaubt“ zur Geltung zu bringen?
- Gibt es in Ihrer Kita „Leerstellen“, die zum Ausruhen und Atemholen einladen und dadurch Platz für Eigenes, für Fantasie lassen?
- Was wird als überflüssig, was als unentbehrlich erachtet?
- Wie kommen Einigungen zu Stande?
- Welche Ästhetik dominiert in Ihrem Haus?

9. Wie fördern Ihre Räume die Ausdrucksvielfalt der Kinder?
- Wenn das „Wissen durch das Tor der Sinne kommt“ (Heraklit), was kann man in Ihrer Kita lernen?

10. Welches Spiel- und Ernstzeug findet sich in Ihrer Kita?
- Welche Erfahrungen mit sich und der Welt bringen Kinder zum Ausdruck, woran sind sie interessiert?
- Wie sieht Ihre Empfehlungsliste für Material, das Kinder fordert und nicht langweilt, aus?

11. Welche Schlüsselsituationen haben Konsequenzen für das Raumkonzept?
- Aus welchen gesellschaftlichen Realitäten ziehen Sie Folgerungen für die Gestaltung Ihrer Räume?
- Wie macht sich in Ihrer Materialauswahl bemerkbar, wovon Kinder sonst zu viel bzw. zu wenig haben?

12. Wie entwickelte sich Ihre Aufgabe als Erzieherin?
- Wie gelingt Ihnen die Balance zwischen der aufmerksamen Beobachterin, der neugierigen Mitlernenden und der gestaltenden Fachfrau?
- Welchen Raum gestehen Sie sich selber zu?

13. Zwei Fragen zum Schluss:
- Fühlen Sie sich wohl in Ihrer Kita?
- Was ist Ihre konkrete Utopie?

Literatur zum Weiterlesen

Zu Kapitel eins: „Erkunden"

Benoist, Barbara: „Ich rieche was, was Du nicht riechst." In: Theorie und Praxis der Sozialpädagogik (TPS) 5/93, S. 275–276
Ein Kindergartentag durch die Nase erlebt.

Dreisbach-Olsen, Jutta/Haas-Krumm, Sibylle/Philipps-Prenzel, Marianne: Nischen, Höhlen, Hängematten. Kita-Räume verändern sich, Berlin 1995
Man erfährt, wie ein Zettelrundgang durch die Kita weiße Flecken sichtbar macht. Darüber hinaus bekommt man viele praktische Anregungen für Raumveränderung und wie diese umgesetzt werden können.

Hontschick, Claudia: Raumgestaltung. Ein Thema zum Reden, Anfassen und Weiterentwickeln. In: TPS 4/1984, S. 183 ff.
Wie ein Raumdiagramm hilft, Stresspunkte in der Kita zu lokalisieren und zu mindern oder was Kinderzeichnungen über Kälte oder Geborgenheit in der Kita aussagen können, ist in diesem Artikel nachzulesen. TPS steht in vielen Kitas, deshalb sei dieser 10 Jahre alte Literaturhinweis erlaubt. Die Methoden sind nach wie vor aktuell.

Schneider, Kornelia: Bedarfs- und Situationsanalysen als Schlüssel für gute Kindertagesstätten-Architektur. In: Orte für Kinder, DJI (Hrsg.), München 1994, S. 98 ff.
Auf der Basis eines umfassenden Verständnisses von Situationsanalysen findet man dort Kriterien zur Ermittlung des Raumbedarfs in Kindertagesstätten.

Zu Kapitel zwei: „Entscheiden"

Standardwerke zum Thema:
Hollmann, Elisabeth/Hoppe, Jörg Reiner: Kinder-Gärten pädagogisch/architektonisch konzipieren und bauen, Materialien für die sozialpädagogische Praxis (MSP) 25, Deutscher Verein für öffentliche und private Fürsorge, Am Stockborn 1–3, Frankfurt a. Main 1994
Umfassend wird der aktuelle Diskussionsstand in der Pädagogik und Architektur – und miteinander – wiedergegeben. Ist für jede Kita ein „Muss".

Burkhardt, Linde, IDZ, Berlin (Hrsg.): Kindertagesstätte – erste Begegnung mit der organisierten Umwelt. Ansbacher Straße 8–14, 10787 Berlin, 1976
Eine gelungene Mischung konkreter Beispiele und grundsätzlicher Überlegungen zum Thema.

Kroner, Walter: Architektur für Kinder, Stuttgart und Zürich 1994
Ein Buch zum Schmökern, Genießen und sich daran Erfreuen, dass es gelungene Beispiele kinderfreundlicher Architektur gibt.

Planungshilfen:
Lipp-Peetz, Christine/u. a.: Veränderungen des Außengeländes einer Kindertagesstätte. Hilfen für den Planungsprozess. In diess.: Die Kita als Ort der Förderung von Gesundheit, Band II, MSP 27, S. 131–151, Deutscher Verein für öffentliche und private Fürsorge, Am Stockborn 1–3, Frankfurt a. Main 1996
Das Planungsschema ist gut übertragbar auf jegliche Vorhaben der Raumveränderung. Es ist besonders hilfreich, wenn man Kinder, Eltern und Träger mit einbeziehen will.

Zu Kapitel drei: „Handeln"

Räume für die Kleinsten:
Schneider, Kornelia: Krippen-Bilder. Gruppen-Erfahrungs-Spielräume für Säuglinge und Kleinkinder, Berlin 1993
Das Gründlichste, was es für diese Altersgruppe auf dem Markt gibt.

Räume für altersgemischte Gruppen:
Senatsverwaltung für Jugend und Familie (Hrsg.): Stein auf Stein, Architektur und Raumgestaltung. Kindertagesstätten in Berlin, Teil 1 und 2, Berlin 1996
Ein umfangreicher Überblick über aktuelle Diskussionen und Realitäten. Es gibt fast nichts, was es in diesen beiden Büchern nicht gibt.

Weniger ist mehr:
Schubert, Elke/Strick, Rainer: Spielzeugfreier Kindergarten. Ein Projekt zur Suchtprävention für und mit Kindern, Aktion Jugendschutz, Bayern, Fasaneriestraße 17, 80636 München, 1995

Salosnig, Maria/u. a.: Zwei Monate ohne Spielzeug. In: TPS 1/95, S. 34-36

Kessler, Dagmar/Persch, Dagmar: Sachen zum Spielen statt Spielzeug. In: Welt des Kindes (WdK) 2/96, S. 18-21
Diese drei Artikel helfen zu verstehen, dass der spielzeugfreie Kindergarten mehr ist als eine Marotte.

Material:
Pomeroy Nancy/Pfefferkorn Elisabeth/u. a.: Mädchen und Jungen und Technik. Ein Arbeitsbuch mit Materialempfehlung für die Kita, Ravensburg 1998

Grewenig, Meinrad Maria (Hrsg.): Leonardo da Vinci. Der Weg zum Genie. Gut gefragt ist fast gelöst, Historisches Museum der Pfalz, Speyer 1995, Domplatz, 67324 Speyer
Die beiden interessantesten Bücher, die es zur Zeit auf dem Markt gibt, wenn man mit Kindern die Welt erforschen will.

Hebenstreit, Sigrud: Kindzentrierte Kindergartenarbeit, Freiburg 1994, Kapitel „Material", S. 157-161
Provokant formulierte Anregungen dafür, den Materialschrank in der Kita auszumisten und Platz für wirklich Wichtiges zu schaffen.

„Wo der Pfeffer wächst" und andere Kinderbücher über multikulturelles Leben, besprochen von Rak, Alexandra/Schweikart, Ralf. In: TPS 5/94, S. 268-270
Hier finden Sie Bücher für die orientalische Leseecke.

Zu Kapitel vier: „Nachdenken"

Visionen:
Kinderakademie Fulda: Kinder-Akademische Stühle. Eine unveröffentlichte Projektbeschreibung, Fulda 1995 (Adresse s. S. 88)

Buchczik, Marie-Louise: Suchen, Sammeln, Forschen: Kindermuseen. In: Was für Kinder. Ein Handbuch, München 1993, S. 440-446
Beide Beiträge stammen aus dem Umfeld der Kindermuseums-Bewegung nach dem amerikanischen Vorbild der „please touch me" Museen. Dort kann man heutzutage die Impulse für kreative und an realen Situationen orientierte Arbeit mit Kindern bekommen.

Verwendete Literatur

Döring, Ulrike: Wenn Türen sich öffnen, zieht's. Anforderungen an Kooperationsbereitschaft im Team. In: Theorie und Praxis der Sozialpädagogik (TPS), 1/94, S. 19 ff.

Du Bois, Reinmar: Die Bedeutung der Kindertagesstätte als Lebenswelt und Entwicklungsraum, Tübingen 1992

Dreisbach-Olsen, Jutta/Haas-Krumm, Sibylle/Philipps-Prenzel, Marianne: Nischen, Höhlen, Hängematten. Kita-Räume verändern sich, Berlin 1995

Eusemann, Stephan: Farb- und Strukturerfahrungen im Vorschulalter. In: Kindertagesstätte, erste Begegnung mit der organisierten Umwelt, IDZ, Berlin 1976, S. 132-135

FU-Projekt Kindersituationen: Leitfragen zur Einrichtungsanalyse, Berlin 1994

FU-Projekt Kindersituationen: Ergebnisse der qualitativen Eingangserhebung in den 12 Kerneinrichtungen des Projektes, Berlin, Stand Mai 1994

Gilligan, Carol: Die andere Stimme, München 1984

Grewenig, Meinrad Maria (Hrsg.): Leonardo da Vinci. Der Weg zum Genie. Gut gefragt ist fast gelöst, Historisches Museum der Pfalz, Domplatz, 67324 Speyer, 1995

Kinderakademie Fulda: Kinder-akademische Stühle. Eine unveröffentlichte Projektbeschreibung, Idee: Helen Bonzel, Fulda 1995

Kükelhaus, Hugo/Rudolf, zur Lippe: Entfaltung der Sinne, Frankfurt a. M. 1994

Maier, Ingrid: Wechselbeziehungen zwischen Mensch und Raum. In: Welt des Kindes (WdK), 1/84, S. 35 ff.

Nuber, Ursula: Die ungeheure Last des Überflüssigen. In: Psychologie heute, 4/1995, S. 20-26

Rast, Friedemann: Wo Rembrandt die Suppe bringt, Kindercafé in Amsterdam. In: WdK, 5/1988, S. 43-44

Regel, Gerhard (Hrsg.): Kindgemäßes Lernen im Vorschulalter, Rissen 1990

Schubert, Elke/Strick, Rainer: Spielzeugfreier Kindergarten. Ein Projekt zur Suchtprävention für und mit Kindern, Aktion Jugendschutz, Bayern, Fasaneriestraße 17, 80636 München, 1995

Urban, Mathias: Räume für Kinder, unveröffentlichte Dissertation, Frankfurt am Main 1995

Wer an dem Buch beteiligt war

Antje Hildebrandt, Kita „Uns Windroos“ in Bad Doberan

Anne Bartosch, Renate Becker, Kita „Buchenbergzwerge“ in Bad Doberan

Petra Baier, Ingrid Hilgarth, Hannelore Jothe, Sieglinde Lorenz, Birgit Michelis, Margreth Schmidt, Ingrid Stanke, Karola Streese, Edelgard Wendt, Kita „Sonnenschein“ in Bad Wilsnack

Manuela Ali, Monika Meister, Kita Wieckerstraße in Berlin-Hohenschönhausen

Sabine Meier, Helga Moschke, Ilona Respondek, Kita Eschengraben in Berlin-Pankow

Petra Fronzek, Kerstin Marnitz, Kita „Villa Kunterbunt“ in Crussow

Ute Hofmann, Kita „EigenSinn“ in Halle

Ulrike Philipp, Moderatorin, Halle, Sachsen-Anhalt

Ingrid Friebel, Christina Schlegel, Elke Berg, Kita Walter-Seelenbinder-Straße in Heindenau

Hannelore Stade, Christiane Rachow, Gisela Rengert, Bärbel Blaschke, Kita „Bummi“ der AWO in Kühlungsborn

Sabine Funk, Kita Schönauer Ring in Leipzig

Sonja Mangner, „Villa Kunterbunt“ in Lychen

Silvana Newiger, Kita J.-R.-Becher-Straße in Magdeburg

Antje Häfke, Kita des DRK in Premslin

Inge Junge, Heidrun Kaps, Heike Peine, Kita „Spatzennest“ in Pritzwalk

Adelheid Burmeister, Christine Jacob, Kita Hainholzmühle in Pritzwalk

Ute Steinmüller, Kinderladen „Krötenwiese“ in Rostock

Dr. Christiane Jahn, Fachschule für Sozialpädagogik in Templin

Margit Krüger, Jugendamt Uckermark in Templin

Andrea Land, Christine Stierand, Kita „Kinderland“ in Weimar

Die Moderatorinnen des Projektes Kindersituationen: Dr. Renate Buch, Brandenburg, und Marlene Echtermeyer, Berlin.

Praxisreihe Situationsansatz

Herausgegeben von Jürgen Zimmer

Situationen von Kindern erkunden, pädagogische Ziele setzen und den Alltag mit Kindern gestalten: Wie das geht und wie Kinder dabei fit fürs Leben werden, zeigen diese Praxisbücher mit vielen guten Ideen und praktisch Erprobtem aus über 100 Kindertagesstätten.

Elke Heller
Gut, dass wir so verschieden sind
Zusammenleben in altersgemischten Gruppen.
95 Seiten. Broschiert. € 12,00.
ISBN 3-407-62410-7
Hier finden Sie eine Zusammenfassung der aktuellen Fachdebatte über Entwicklungschancen von Kindern und sinnvolle Rahmenbedingungen in altersgemischten Gruppen.

Sabine Naumann
Was heißt hier schulfähig?
Übergang in Schule und Hort.
95 Seiten Broschiert. € 12,00.
ISBN 3-407-62411-5
Das Jahr vor der Einschulung steht im Zeichen des Kommenden: Der Beginn einer mindestens neunjährigen Schulkarriere wirft ihre Schatten voraus.

Götz Doyé / Christine Lipp-Peetz
Wer ist denn hier der Bestimmer?
Das Demokratiebuch für die Kita.
95 Seiten. Broschiert. € 12,00.
ISBN 3-407-62412-3
Viele haben etwas zu sagen, wenn es um Entscheidungen in der Kita geht: Politiker, der Träger, die Leiterin ... Wo bleiben Eltern, Erzieherinnen und Kinder? Welche Rechte haben sie?

Sabine Naumann
Hier spielt sich das Leben ab
Wie Kinder im Spiel die Welt begreifen.
95 Seiten. Broschiert. € 12,00.
ISBN 3-407-62413-1
Kinder wollen spielen und Kinder können spielen. Aber Kinder müssen auch spielen dürfen, sonst entgehen ihnen lebenswichtige Erfahrungen.

Jürgen Zimmer
Das kleine Handbuch zum Situationsansatz
95 Seiten. Broschiert. € 12,00.
ISBN 3-407-62414-X
Ein freundlicher Ratgeber für alle, die mit dem Situationsansatz arbeiten wollen. Seine Prinzipien werden so vorgestellt, dass man sie unmittelbar in die pädagogische Arbeit umsetzen kann.

Christa Preissing
Und wer bist du?
Interkulturelles Leben in der Kita.
95 Seiten. Broschiert. € 12,00.
ISBN 3-407-62415-8
Drei vietnamesische Kinder sind neu in der Gruppe. Sie sprechen kein Wort deutsch, bleiben unter sich. Wie Erzieherinnen in solchen und ähnlichen Kindersituationen reagieren können, davon handelt dieses Buch.

Christa Preissing
Wenn die Schule aus ist
Der Hort zwischen Familie und Schule.
95 Seiten. Broschiert. € 12,00.
ISBN 3-407-62316-6
Viele Eltern erwarten, dass die Schularbeiten im Hort vollständig und fehlerfrei erledigt werden. Kann da Planung der Hortarbeit etwas anderes bedeuten, als reagieren auf die Anforderungen von außen?

Sabine Naumann
Natürlich von klein auf!
Ökologische Lebensgestaltung in der Kita.
95 Seiten. Broschiert. € 12,00.
ISBN 3-407-62417-4
Die Zukunft unserer Kinder wird heute schon verbraucht. Umso mehr kommt es darauf an, Kinder nicht allein als Opfer, sondern als Mitgestalter verbesserter Lebensumstände zu sehen.

Götz Doyé / Christine Lipp-Peetz
Das soll einer verstehen!
Wie Erwachsene und Kinder mit Veränderungen leben.
95 Seiten. Broschiert. € 12,00.
ISBN 3-407-62418-2
Wie Kinder von belastenden Lebenssituationen ihrer Eltern betroffen sind und welche Möglichkeiten einfühlsame Erzieherinnen haben, ihnen zu helfen.

Elke Heller / Sabine Naumann
Was zählt?
Vom Umgang mit Geld und anderen Werten.
95 Seiten. Broschiert. € 12,00.
ISBN 3-407-62419-0
Diese Praxisbuch zeigt, wie Kinder einen sinnvollen Umgang mit Geld lernen und welche Möglichkeiten es in der Kita gibt, selbst Werte zu schaffen.

Christine Lipp-Peetz
Wie sieht's denn hier aus?
Kinder verändern Räume.
95 Seiten. Broschiert. € 12,00.
ISBN 3-407-62420-4
Verblüffung über eingeschliffene Sehgewohnheiten, Anregungen, wie mit Kindern - nicht nur für sie - Räume zu verändern sind.

Elke Heller
Etwas unternehmen
Kinder und Erzieherinnen entwickeln Eigeninitiative.
95 Seiten. Broschiert. € 12,00.
ISBN 3-407-62421-2
Das Buch ist ein kritischer Ratgeber für alle, die unternehmerische Initiativen entwickeln wollen.

Elke Heller / Christine Lipp-Peetz / Sabine Naumann / Christa Preissing / Gisela Walter
Die Materialbox
Mappe. € 12,00.
ISBN 3-407-62422-0
Die Materialbox bietet reichhaltige Anregungen für die einzelne Erzieherin, die Teamberatung und für die Arbeit mit Eltern.
Beobachtungsleitfäden zur Erkundung von Kindersituationen oder zum Spielverhalten in der Gruppe geben konkrete Hilfen für den pädagogischen Alltag.

Preisänderungen vorbehalten

Beltz Verlag · Postfach 100154 · 69441 Weinheim · www.beltz.de